PER FORTUNA FACCIO IL PROF

NANDO DALLA CHIESA
PER FORTUNA FACCIO IL PROF

BOMPIANI
OVERLOOK

www.giunti.it
www.bompiani.eu

Via Bolognese 165, 50139 Firenze - Italia
Piazza Virgilio 4, 20123 Milano - Italia

ISBN 978-88-452-9668-0

Prima edizione: marzo 2018

Noi siamo la memoria che abbiamo e la responsabilità che ci assumiamo. Senza memoria non esistiamo e senza responsabilità forse non meritiamo di esistere.

José Saramago

Nessun fiocco di neve si sente mai responsabile di una valanga.

Voltaire

A Emilia, Carlo e Dora

PREFAZIONE

Questo non è un libro di denuncia dei mali dell'università. Non è lamento, non è *cahier de doléances*. Non è accusa contro lo Stato che non investe nella ricerca. E nemmeno deplorazione delle distanze tra strutture e tecnologie dei nostri atenei d'eccellenza e quelle dei maggiori atenei stranieri. O degli astronomici divari di efficienza e semplicità di leggi e burocrazie, di borse di studio e di stipendi.

È invece un libro che canta la bellezza dell'insegnare e del vivere in università. Racconta il piacere delle sfide culturali, la meraviglia dell'incontro con le generazioni più giovani, la scoperta di realtà e sentimenti sempre nuovi, la ricchezza nascosta dei percorsi collettivi. Ricorda quel che l'umanità dimentica cinque volte al secolo: che le idee e il cuore smuovono le montagne, possono spesso più del denaro. E che il primo vero finanziamento di cui l'istruzione ha bisogno è una grande iniezione d'amore verso il mondo che ci circonda. È un libro, ancora, che spiega la fortuna di vedersi affidate dal destino giovani vite in cerca di senso, e quella, ancora più grande, di diventarne parte.

Eppure non è un libro scritto in un campus felicemente sollevato sui grandi drammi del paese. L'università che vi viene narrata vive anzi in totale immersione nei problemi sociali. Li *cerca*, addirittura, senz'altro più di quanto facciano i governi stessi e l'informazione. Per contribuire a risolverli. Sentendo come propria missione quella di dare un valore sociale alla conoscenza.

In questa università pubblica si incontrano le storie antiche e nuove delle persone, l'armonia dei luoghi che vissero le rivolte e le speranze, i visi innocenti e irriverenti che annunciano il futuro. Così è nata dal nulla un'area intera di studi e discipline fino a pochi anni fa misconosciuti, rompendo indifferenze secolari. Rovesciando pregiudizi intellettuali. Dimostrando che il nostro sguardo serve non solo a vedere le cose ma anche a farle nascere. Che la cultura scientifica può farsi cultura civile e propagarsi, a un certo punto, come incendio nella prateria.

È il racconto di una storia che non aspettavo e che ho vissuto come un dono.

Grazie a Corrado Stajano per i consigli e per il prezioso incoraggiamento. Grazie alla casa editrice, a don Luigi Ciotti, a Nicoletta Bencivenni e Giovanni Belfiori per avere reso possibile la pubblicazione di questo libro. E grazie come sempre alla Biondina, a Rita e Simona per avere condiviso questo progetto.

IL RITORNO

All'inizio fu la neve. Una neve ostile. Fiocchi strenui, implacabili, compiaciuti di piantarsi sulle strade, sui marciapiedi, sui cortili. E che con il loro silenzio surreale minacciavano l'appuntamento atteso per mesi. L'appuntamento con la mia nuova vita. Il suo avvicinarsi mi aveva tenuto in stato di agitazione per tutte le vacanze di Natale. Sarebbe avvenuto appena dopo l'Epifania, nemmeno un giorno di intervallo. Chiuse le feste, subito la sfida. Mi domandavo in quanti, nella città imbiancata e infreddolita, sarebbero venuti a sentirmi. La prima lezione del mio nuovo corso dopo un'assenza di dodici anni. "E se poi vengono in due?" mi aveva chiesto con premura il preside Andrea Checchi, che aveva comunque accolto con favore il nuovo insegnamento che gli avevo proposto. Avvertendomi che la facoltà lo avrebbe doverosamente pubblicizzato, ma che poi gli studenti, come ovvio, avrebbero scelto liberamente. Che insomma, introducendo quella novità un po' eccentrica, dovevo tenermi pronto a una delusione, anche a fronteggiare situazioni frustranti. Come era accaduto l'anno prima a un altro insegnamento che si era anch'esso avventurato in quel campo sperimentale che sta tra giustizia e civiltà. E dunque: come sarebbe stato accolto Sociologia della criminalità organizzata, che fra l'altro si portava addosso, nei programmi proposti agli studenti, quella poco eccitante etichetta di "ulteriore insegnamento a scelta"?

Che gli studenti sarebbero potuti essere due, immodestamente non lo temevo molto. Pochi giorni prima di Natale avevo presentato a Bergamo un mio libro e di pubblico ne avevo trovato tanto, soprattutto composto da giovani, anche venuti dai paesi intorno. Da sempre avevo una certa fortunata consuetudine con platee di una qualche consistenza. E tuttavia, questo non me lo nascondevo, un conto è un singolo incontro aperto a tutti, un conto è un corso intero, con i suoi impegni e le sue fatiche, rivolto a una singola e definita popolazione studentesca. Alla fine, come spesso accade in questi casi, ero venuto a patti con me stesso. E avevo fissato un'arbitraria asticella, decidendo che mi sarei comunque accontentato dei classici venticinque ("pensino ora i miei venticinque lettori che impressione dovesse fare sull'animo del poveretto...") a cui si rivolgeva il Manzoni all'inizio dei *Promessi sposi*.

Quando il 7 gennaio 2009 di primo mattino vidi dalla finestra della cucina di casa la bufera di neve che si stava scatenando su Milano, ingurgitai il caffè tirando ogni improperio possibile. Due studenti?, mi dissi, qui va a finire che non ne trovo nemmeno uno. Mi avviai dunque al pomeriggio verso la facoltà di Scienze politiche un po' accigliato, imprecando alla sorte. Salii su un tram vuoto, poi attesi un autobus altrettanto vuoto. Milano era spaventosamente candida e silenziosa. L'atmosfera rarefatta delle feste circondava ancora i palazzi. Compresa la facoltà. Salii al primo piano, misi la testa dentro l'aula 27, la prima che si incontra venendo dalle scale alla destra dell'atrio, e in fondo lo spettacolo non era terribile. Qualche studente mi attendeva. E non erano nemmeno pochissimi. Certo, ben più animato era lo scenario che ricordavo con nostalgia, quello di diciotto, quindici anni prima, quando le centinaia di frequentanti mi obbligavano a tenere il corso di Sociologia economica al Nuovo Arti, il vicino cinema per bambini, solennemente assiso a parlare di Schumpeter e di Polanyi tra le immagini di Dumbo e Paperino, Gambadilegno e Topolino. Entrai cercando di controllare l'emozione del ritorno, scrutai di sottecchi i presenti. Era un pubblico molto eterogeneo per età. Ragazzi nemmeno ventenni, giovani più adulti, anche qualche signore maturo. Li contai mentalmente. Ci si può non credere, ma erano esattamente i venticinque del Manzoni. Presentai loro il corso. Si divideva in tre moduli, spiegai. Ognuno di tre crediti. Il primo sarebbe stato sulla storia sociale delle grandi organizzazioni criminali italiane. Il secondo sull'impresa mafiosa (in cui si riaffacciava la mia originaria passione per la sociologia economica). Il terzo sulle organizzazioni criminali straniere in Italia. Proiettai la prima slide. Illustrai i requisiti del "modello mafioso", ovvero il denominatore comune delle tre maggiori organizzazioni mafiose italiane, subito precisando che esse differiscono comunque per molti aspetti di rilievo. Mi colpì un gruppetto di giovanissimi, evidentemente molto amici tra loro, che era lì in trasferta da Storia o da Giurisprudenza. C'era un ragazzo di famiglia palermitana, così capii dall'accento della prima domanda, che sembrava molto informato. Vidi nei banchi Federico, più giovane amico di precedenti esperienze politiche, che era venuto quell'unico giorno a darmi il bentornato. C'era anche Piero Ricca, già esponente dei movimenti per la legalità dei primi anni duemila, noto per quel "Buffone, fatti processare!" urlato a ripetizione in tribunale davanti a tutti i giornalisti all'indirizzo di Silvio Berlusconi e con cui poi eravamo diventati amici. Anche lui era venuto a salutare, insieme a Fanny, un'altra esponente dei movimenti civili che quell'anno avrebbero dato breve vita al "popolo viola". Notai pure, sulla mia sinistra, un signore sui cinquanta e con i baffetti sale e pepe che prendeva diligentemente appunti di quanto dicevo. Decisi subito, a vista (e mi sbagliavo), che fosse un insegnante meridionale, di quelli che conoscono ogni libro sulla mafia e si aggiornano in proprio facendo la fortuna dei propri studenti.

Finite le prime due ore della nuova vita me ne tornai sotto la neve con la sensazione che la situazione non fosse propriamente esaltante. Gli amici venuti per curiosità o gentilezza non sarebbero tornati. E chissà i ragazzi delle altre facoltà. In ogni caso mi confermai nell'intenzione di dare il massimo, proprio come se mi aspettasse ancora un corso in un cinema brulicante. La mia ammirazione per il più illustre dei miei coetanei, il grande Bruce Springsteen, non derivava proprio dall'averlo visto sedici anni prima a Verona cantare sotto un acquazzone senza tregua per più di tre ore davanti a uno stadio semivuoto? In definitiva la scelta di introdurre quel corso così eccentrico e perfino eretico per le tradizioni dell'università italiana era il frutto di convinzioni profonde. E senz'altro era il modo più serio per continuare il mio impegno pubblico.

Dopo una lunga militanza in prima fila nella società civile, ero stato infatti eletto in parlamento nel 1992. Con il movimento della Rete, in nome dell'antimafia. Una legislatura brevissima, due anni. Un'esperienza elettrica, con gli avvisi di garanzia che si abbattevano su camera e senato un giorno sì e l'altro pure, l'abolizione dell'immunità parlamentare, il referendum

Segni, che aveva soppresso le preferenze introducendo i collegi uninominali. Più la legge per l'elezione diretta del sindaco. E, appunto, in quei due anni non mi ero fatto mancare nemmeno la candidatura a sindaco di Milano. Era accaduto nel 1993, prima elezione diretta in assoluto, un clima di guerra irripetibile, con il vento che soffiava come un uragano nelle vele della Lega di Umberto Bossi, giunta a Milano al 42 per cento dei voti. Al ballottaggio mi ero fermato al 43 per cento. Mi ero ricandidato alle politiche nel 1994. Sconfitto anche lì, al vento della Lega si era aggiunto quello di Berlusconi. Ero tornato a insegnare Sociologia economica a Scienze politiche, continuando però a fare il consigliere comunale. Due anni e nuove elezioni anticipate. La passione politica fermata in culla batteva ancora, perciò scelsi di continuare. Venni rieletto deputato nel 1996 e senatore nel 2001 con l'Ulivo. Poi nel 2006 il sistema dei partiti si era ritrovato, granitico e felice, sulla bizzarra idea di sottrarre ai cittadini la scelta di deputati e senatori per rimetterla a elenchi di partito. Una manna per gli apparati. Da quel momento non ero più stato candidato. Ero stato nominato sottosegretario al ministero dell'istruzione, dell'università e della ricerca nel secondo governo Prodi. Ma anche quella legislatura era durata un soffio, due anni. Poi era stato il naufragio del Partito democratico davanti al ritorno di Berlusconi. Nel mentre, ero stato escluso da ogni candidatura. Ero stato troppo in parlamento, mi si era detto. Che è la classica motivazione che si usa verso deputati e senatori troppo indipendenti. L'avevo vissuta con stupore, e all'inizio con rabbia, anche per l'impegno incondizionato che avevo messo sia nelle battaglie sulla giustizia dall'opposizione sia nell'attività di governo. Chi aveva deciso di allontanarmi dal parlamento non intendeva certo farmi un favore. Eppure mi aveva fatto, senza immaginarlo, il più grande dei regali. Diciamo che mi aveva avviato alla felicità.

Non si era però chiuso l'impegno pubblico. Subito dopo l'esclusione dalle liste, era il marzo del 2008 a Bari, don Luigi Ciotti mi aveva nominato presidente onorario di Libera, l'associazione da lui fondata, come a restituirmi subito, in polemica con i partiti, un ruolo di responsabilità nella lotta alla mafia. E tre mesi dopo la sindaca di Genova, Marta Vincenzi, mi aveva chiesto di occuparmi di cultura civile e diritti per la sua città. Come assessore alla cultura, aveva proposto. Come consulente, avevo ottenuto. L'idea del ritorno in università (incompatibile con l'assessorato) in realtà mi piaceva, e ormai la difendevo. Insegnare era stata per me una passione. Mi ero portato a Roma la nostalgia del rapporto con gli studenti, che avevo cercato anche in politica. Mi era capitato più volte, proprio mentre ero parlamentare, di sognarmi mentre facevo lezione in pullover (in realtà mai usato in aula) circondato di ragazze e ragazzi. In quei mesi di delusione avevo anche immaginato il grande gesto: andarmi a occupare di mafia all'università di Palermo. Come dire "non mi toglierete dalla trincea". E lo avevo anche annunciato in pubbliche interviste, sicuro di essere accolto a braccia aperte. Anche troppo sicuro, probabilmente. Infatti trovai le porte chiuse. E fu il secondo calcio verso la felicità.

Quando nel maggio del 2008 tornai a Scienze politiche a Milano non provai certo emozioni da adrenalina. Ero di fatto uno sfollato. Non avevo più una stanza, gli studenti non sapevano visibilmente nemmeno chi fossi. Per chi fino a due mesi prima era stato sottosegretario all'università era, come si dice, una soddisfazione. Il mio corso di Sociologia economica era stato nel frattempo diviso per tre, le cattedre si erano moltiplicate. Io sarei stato il quarto. A che sarebbe servito? Di più. I corsi istituzionali dell'anno accademico 2008-09 erano già stati tutti assegnati.

Da lì nacque l'idea che avrebbe rivoluzionato la mia vita. Non avevo forse potuto misurare direttamente in parlamento l'ignoranza profonda delle classi dirigenti del paese su uno dei più grandi e drammatici problemi della storia nazionale, quello che va sotto il nome generalissimo di mafia? Non avevo sentito dire fesserie cosmiche in materia addirittura dentro la commissione parlamentare antimafia, di cui ero stato anche segretario, o nella commissione giustizia del senato? Non avevo verificato l'immenso, delittuoso vuoto formativo del paese anche facendo un censimento degli insegnamenti universitari in materia di criminalità e legalità nell'ambito del progetto Ethicamente, che avevo promosso al ministero? In fondo studiavo il fenomeno mafioso da più di un terzo di secolo, da quando ci avevo fatto la tesi di laurea nel 1973 alla Bocconi. E lo avevo conosciuto sotto una quantità di profili che a nessun altro era stata "offerta" dalla vita. Da studioso, da scrittore, da giornalista, da consigliere comunale e da parlamentare, nella commissione antimafia e nella commissione giustizia, come uomo di governo, da militante civile e da militante politico; anche, e certo non poco, l'avevo conosciuto come familiare di vittima – la più grande scuola – e poi come parte civile nel processo del secolo, il maxiprocesso di Palermo. Lo avevo visto operare, quel fenomeno, nella società, nella politica, nei processi, sulla stampa. Perché non portare quel patrimonio di studi e di esperienze in università, perché non rielaborarlo e metterlo a disposizione delle nuove generazioni? Anzi, perché non puntare finalmente a formare su questi temi la futura classe dirigente? A rifletterci il vero problema del paese, abilissimo nei suoi rovesciamenti di senso, era stato nei decenni non quello dei professionisti ma proprio quello dei *dilettanti* dell'antimafia.

Dagli anni ottanta del Novecento i giovani italiani affrontavano i temi della criminalità organizzata solo nell'ambito di corsi – in genere di educazione alla legalità – promossi generosamente nelle scuole medie superiori. Oltre la soglia dell'esame di maturità, salvo pochissime eccezioni, tra cui il seminario annuale di mafia e antimafia tenuto dalla professoressa Stefania Pellegrini a Giurisprudenza di Bologna, c'era il deserto. Quasi che dopo quel rito di passaggio in cui viene dichiarata ufficialmente la fine dell'adolescenza si potesse ritenere assolto il debito di formazione civile (e inesistente il debito di formazione professionale) dello Stato verso le nuove generazioni.

Assurdo. Lo stesso buon senso suggeriva come fosse impossibile studiare Giurisprudenza o Scienze politiche, Economia o Storia, Sociologia o Urbanistica, Scienze della formazione o della comunicazione senza nulla sapere di un fenomeno che condiziona sempre più lo sviluppo economico; che plasma modelli di civiltà ed etiche professionali, producendo forme concrete di politica e di Stato. Che anzi, a torto o a ragione, ha forgiato l'immagine dell'Italia nel mondo. L'idea, la sfida se si vuole, fu dunque quella di offrire finalmente, attraverso un corso a partecipazione libera per gli studenti dell'università statale di Milano, una formazione specifica a un segmento delle future professioni.

Da quella intuizione non mi sarei scostato mai più. Il problema era ora trovare il nome giusto per la materia. Come chiamarla? Il rischio di scivolare nel diritto era elevato, del tutto in linea con le convenzioni culturali del paese, abituato a pensare che la questione criminale sia sempre e solo affare di giuristi, mai di sistema sociale. Mi venne in mente la criminologia, che da noi in facoltà non c'era, ma si trattava visibilmente di altra cosa. Pensai alla sociologia della devianza, ma era anch'essa un'altra cosa. Giunsi così alla sociologia della criminalità. Fu provvidenziale Alberto Martinelli. Alberto era stato a lungo ottimo preside di facoltà ma era soprattutto amico più anziano, dopo essermi stato relatore proprio nella tesi di laurea alla Bocconi. "Sociologia della criminalità organizzata," mi suggerì. Mi spiegò il doppio pregio della formula: fondare e circoscrivere con chiarezza l'argomento e restare nella mia specializzazione accademica, la Sociologia dell'economia, del lavoro e dell'organizzazione. "Organizzata" era insomma la parola magica. Per evitare approcci generici, ma anche per accedere, per competenza disciplinare, a quei concorsi per ordinario a cui lo status di parlamentare mi aveva per molto tempo moralmente impedito di partecipare. Me ne convinsi in un'ora. I corsi istituzionali erano stati decisi, ma un mio spazio, per quanto marginale, per quanto "ulteriore insegnamento a scelta", l'avrei trovato.

A tutto questo pensai – e come avrei potuto non farlo? – la sera del primo rientro a casa, mentre le auto avevano iniziato a trasformare la grande neve nella tradizionale fanghiglia sulle strade. Che esito avrebbe avuto quella avventura? Il corso prevedeva lezione per tre giorni consecutivi ogni settimana, dunque non concedeva molto tempo a chi, come me, doveva preparare materiale totalmente nuovo per una disciplina senza precedenti. E voleva farlo sulla base del pubblico che si ritrovava in classe. I libri che avevo adottato non rispondevano d'altronde alle mie finalità di formazione generale. Non erano stati scritti per corsi universitari (inesistenti, peraltro) e tanto meno per farci esami; e si vedeva. Lo sforzo di integrazione dei testi e l'impegno creativo, specie di ideazione delle slide, sarebbero stati piuttosto elevati, su questo nessun dubbio.

Il giorno dopo la neve resisteva immacolata nei giardini. Si era un po' convertita in acqua nel cortile della facoltà. In aula 27 non c'era più Federico. Aveva resistito un giorno ancora Piero Ricca. C'era, con l'aria di volere restare, il gruppetto dei giovanissimi amici venuti da altre facoltà. C'era l'insegnante meridionale. Ebbi perfino l'impressione che il numero fosse cresciuto. E in effetti erano oltre la trentina. Aumentarono ancora la settimana successiva, tanto che, grazie allo zelo della bidella, venne disposto il cambiamento d'aula, perché nella 27 non ci stavamo più. Più passavano le settimane più, contrariamente agli usi, cresceva il numero dei presenti. All'ultima lezione erano quasi novanta.

Durante il nuovo corso presi alcune decisioni di metodo, che influirono molto sulla sua identità. La prima, la più importante: non parlare di attualità politica. Sicuramente a molti studenti sarebbero piaciute una rivelazione eccitante o una frustata su questo o quel volto pubblico: magari lo stesso Berlusconi o il suo braccio destro Marcello Dell'Utri. Ma io mi vietai perfino di nominare Giulio Andreotti, le cui frequentazioni acclarate di Cosa nostra rimontavano a più di un quarto di secolo prima. Era un bel dilemma. Rischiare proprio io, l'innovatore, l'ex sessantottino, di fare come i miei professori del liceo, che rimuovevano il fascismo più di vent'anni dopo la sua caduta (con la Resistenza a rappresentare, quando accadeva, una finestra di "attualità" per il 25 aprile), o rischiare di incrinare la percezione della mia imparzialità scientifica, e dunque la credibilità di quanto dicevo sulla mafia, anche solo in uno studente?

Scelsi il primo rischio. Tutto sommato io, diversamente dalla scuola degli anni sessanta, non volevo censurare per amor di quiete. Volevo piuttosto *infrangere* la quiete; iniettare un po' di anticonformismo in un corpaccione addormentato. Il delitto Notarbartolo, la strage di Portella della Ginestra, l'offensiva contro i giudici antimafia, la legge La Torre bastavano e avanzavano per capire l'attualità. Se poi, per fare capire un problema, dovevo proporre un esempio cronologicamente a noi vicino, non facevo il nome né del politico né del partito; e se proprio lo dovevo fare sceglievo un caso tratto dal mio schieramento (e ce n'erano, oh, se ce n'erano...), cosicché nessuno mi sospettasse di volere "strumentalizzare" il mio ruolo.

Si dimostrò una scelta giusta. A seguire le lezioni erano studenti di idee politiche diverse, con sensibilità che avevo il dovere di rispettare. In assoluto, prima di tutto. Ma anche perché quel che dicevo fosse a sua volta rispettato. Un pomeriggio, parlando delle strategie politiche di Cosa nostra dopo le stragi del 1992-93, mi venne di citare il progetto dei "corleonesi" di dar vita a una Lega Sud. A fine lezione mi avvicinò l'insegnante meridionale, che con molta educazione e fermezza contestò quel riferimento. La Lega, mi spiegò equivocando, non si sarebbe mai prestata a quel progetto. Fu una rivelazione. Seppi infatti così che l'insegnante meridionale che prendeva appunti scrupolosi era in realtà l'ex tesoriere della Lega Nord, Alessandro Patelli, accusato ai tempi di Tangentopoli di avere intascato soldi da Enimont per il suo partito. Mi convinsi in poco tempo che doveva avere pagato per altri. Per l'idea, come si dice. Prese 30 e lode, e fu per lui motivo di orgoglio. Si laureò con me con una tesi sul voto di scambio e, pur continuando a coltivare le sue idee, non si voltò dall'altra parte (anzi...)

quando dovette analizzare il voto leghista in provincia di Pavia. Ecco, considerai quella sua fiducia come il frutto del clima di oggettività che avevo cercato di istituire nel corso.

La seconda scelta che feci fu quella di non parlare mai di mio padre. La Torre, Chinnici, Mattarella. Al massimo, ma solo da pochi anni, uso l'espressione neutra "il prefetto di Palermo". Rimediavano a volte i testimoni esterni chiamati a lezione, ignari della mia decisione. Io, mai una parola. Anche sotto questo aspetto il corso doveva mantenere, fare respirare una sua oggettività, premessa della sua ispirazione scientifica. In aula conoscenza ed emozioni dovevano rimanere il più possibile separate (non ci riuscii una volta commemorando Falcone, quando la voce mi si bloccò per un minuto intero). Peraltro studiavo la mafia da molto prima che mio padre fosse ucciso. Chi frequentava, voglio dire, non doveva pensare che io fossi lì, più che un professore, un "figlio di vittima"; equivoco sempre in agguato se anni dopo persino il quotidiano su cui scrivo mi presentò in una cronaca milanese con l'unica qualifica di "figlio del generale dalla Chiesa".

Tutto questo agli studenti, che una loro speciale sensibilità ce l'hanno, non sfuggì affatto, tanto che ne scrissero, con visibile affetto, su un loro periodico universitario. Già in quella prima esperienza mi accorsi comunque che l'oggettività e la scientificità, anziché produrre neutralità etica, sospingevano scelte di vita. Appena terminato il corso trovai a Napoli, alla tradizionale manifestazione di Libera del 21 di marzo, l'intero gruppetto dei giovanissimi amici che avevano seguito le mie lezioni. Mi cercarono in piazza del Plebiscito, vennero a salutarmi. Erano arrivati per i fatti loro, in allegra consapevolezza, l'avevano deciso senza che avessi detto loro una parola. E trovai già in quel corso due studentesse, una giovanissima e con il viso da educanda (fu il mio primo 30 e lode), l'altra ormai vicina alla laurea magistrale, che sarebbero diventate mie brillanti collaboratrici: Ilaria e Martina.

Quando furono programmati i corsi per il successivo anno accademico mi venne affidato anche quello, istituzionale, di Sociologia dell'organizzazione. Ma ormai, questo era chiarissimo, la mia nuova vita si sarebbe identificata con quell'"ulteriore insegnamento a scelta", anche se da subito le burocrazie vi avevano esercitato astrusi poteri di veto o di ostruzione. Qualche impiegato a me ignoto aveva ad esempio deciso che l'esame, benché rientrante tra quelli a libera scelta, potesse essere dato solo dagli studenti del "nuovo ordinamento", ossia in quell'anno da quasi nessuno; dovette intervenire il preside per rimuovere l'anonimo divieto. Resistetti a quella e ad altre bizzarrie. E feci bene. Incominciarono le richieste delle tesi di laurea. Non immaginavo, però, la lunga strada che la dea Fortuna mi stava apparecchiando.

SCIENZE POLITICHE

Ora devo però raccontare che cosa rappresenta la facoltà di Scienze politiche di Milano nella mia storia più lunga. Poiché la nuova vita battezzata dalla neve non andò a incominciare in qualche luogo lontano o sconosciuto. Nelle pampas o a Oxford o sui Carpazi. Ma fiorì in un posto a me familiare, un rimescolarsi dolce di ricordi, di simboli, di passioni, di affetti. In genere i rivolgimenti della vita si associano con nuovi paesaggi, territori vergini al proprio cuore e alla propria memoria. Qui è stato diverso, il rivolgimento è sbocciato in un luogo "di sempre". Come innamorarsi di una compagna delle elementari. E questo spiega la bellezza misteriosa di quanto è accaduto.

Diciamo subito che la facoltà di Scienze politiche ha un posto preciso nella storia sociale e politica di Milano. La sua nascita fu uno dei frutti più succosi e duraturi della grande stagione della rivolta giovanile. Nacque di slancio dall'omonimo corso di laurea, ancora inquadrato nella facoltà di Giurisprudenza presso la sede storica di via Festa del Perdono, sotto la spinta impetuosa delle iscrizioni e della partecipazione appassionata di nugoli di studenti. Gonfiata dalla liberalizzazione degli accessi ma anche dalla grande promessa di cui era portatrice: quella di studiare la società e la politica, rivolta a chi, a quel tempo, solo di società e politica voleva parlare. Il modo in cui fu istituita rappresentò a meraviglia la lotta in corso tra il vecchio ordine accademico-baronale presidiato dal ministero e una generazione di studenti in subbuglio, spesso fiancheggiati da una nuova leva di giovani studiosi. Il ministero, guidato da un eminente notabile calabrese, Riccardo Misasi, cercò disperatamente, e con ogni tipo di espedienti, di mettere la nascente facoltà nelle mani di qualche ossequiente e inamidato giurista, non importa se totalmente eccentrico rispetto agli studi che vi avrebbero preso cittadinanza. Ritardò il passaggio alla nuova sede di via del Conservatorio, nel solenne, armonioso palazzo Resta-Pallavicino, nei pressi di piazza San Babila. Fece di tutto perché non si insediasse nel comitato istitutivo un sociologo di simpatie socialiste amatissimo dal Movimento studentesco, Angelo Pagani. Costui era un omone laureatosi oltre i quarant'anni e che diede un contributo inestimabile allo sviluppo di diversi rami della sociologia: dagli studi sull'imprenditorialità a quelli sulla povertà o sulla mobilità sociale. Io lo avevo avuto come docente di Sociologia alla Bocconi e ne ricordo, esemplarmente e più di ogni cosa, un sacrosanto scatto di indignazione contro uno studente dalla barba rivoluzionaria che si professava marxista e che alla prova dell'esame dimostrava di sapere, di Marx, praticamente zero. Lo trattò, giustamente, come un parassita dell'ideologia. Chissà mai se quel lontano pomeriggio bocconiano ha inciso in qualche misura sulla mia convinzione che chi vuole combattere una cosa deve prima di tutto conoscerla. Pagani aveva accettato, e ne ero stato molto inorgoglito, di fare da relatore alla mia tesi di laurea. Purtroppo morì di infarto nel 1972, complici probabilmente anche le fatiche della travagliata apertura di Scienze politiche, mentre facevo il servizio militare. Seppi poi che ai funerali avevano partecipato più di diecimila studenti. Riuscì in ogni caso a incanalare sulla strada più coerente la nuova facoltà. Dove io giunsi nell'ottobre del 1974, dopo essermi laureato con Alberto Martinelli, suo allievo e incaricato di Sociologia economica, e dopo sei mesi di stage al centro studi di una merchant bank londinese. Più di quarant'anni dopo Alberto ha trovato una lettera di sette pagine che gli avevo scritto a mano da Londra per tenerlo al corrente dei miei progetti di studio sulla mafia, su cui mi accingevo a pubblicare il mio primo libro, *Il potere mafioso*. Letto oggi, l'inizio fa tenerezza: "Le accludo l'articolo sull'economia della Sicilia, che purtroppo non ho potuto battere a macchina perché non sono riuscito a trovare nessuno disposto a prestarmela." In realtà nei mesi londinesi quel che accadeva in Italia mi era mancato da morire. Mi ero perfino perso la vittoria del "no" nel referendum per l'abrogazione del divorzio. Quando mi proposero il prolungamento dello stage non ebbi esitazioni: grazie mille, ma torno in Italia. Un breve viaggio in Scozia con Maurizio, amico bocconiano, e fui di nuovo a Milano. Mi proposi a Martinelli per dedicarmi sotto la sua guida alla sociologia economica. L'economia restava infatti il punto di vista assolutamente irrinunciabile. Perché mi ero laureato in economia, certo. Ma soprattutto perché a questo mi obbligavano i miei ideali politici. Ero o non ero andato, a Londra, a farmi fotografare da Maurizio davanti alla tomba di Marx con il pugno chiuso? E non sosteneva forse Marx che proprio nell'economia politica fosse da cercare "l'anatomia della società civile"?

Giunsi dunque a Scienze politiche come addetto alle esercitazioni. La facoltà era una fucina di parole d'ordine rivoluzionarie. Il Movimento studentesco, che lì aveva una sua roccaforte, vi applicava in abbondanza la formula delle rap, una delle cose migliori prodotte dal Sessantotto milanese. La sigla stava per Ricerca Alternativa Parziale, e dava spesso luogo a seminari impegnativi, in cui a giovanissimi affamati di libri e di sapere si mescolavano immancabili lazzaroni. Le materie sociologiche erano richiestissime, e ci sarà pur stata una ragione, d'altronde, se il verbo della contestazione era nato alla facoltà di Sociologia a Trento. Da via del Conservatorio passò in quegli anni mezza sociologia italiana. Oltre a Pagani, solo per citare i più famosi, Alessandro Pizzorno, Francesco Alberoni, Guido Martinotti, Laura Balbo, Bianca Beccalli, Franco Rositi e naturalmente Alberto Martinelli. E molti altri più giovani. Si progettavano e si facevano numerose ricerche sul campo, i cui risultati diventavano rapidamente patrimonio di centinaia e centinaia di giovani: sulla popolazione studentesca, sui quartieri milanesi, sulla partecipazione politica, sulla condizione femminile, sul comportamento elettorale, sulle lotte di fabbrica e sulle centocinquanta ore di studio retribuite ottenute dagli operai nei nuovi contratti. Tra gli assistenti e gli studenti ci si dava spesso del tu, anche perché spesso si faceva politica insieme. Molti erano gli studenti-lavoratori, che vedevano nella facoltà il luogo ideale per ottenere una laurea senza sostenere eccessivi sacrifici. Il clima, insomma, poteva facilmente produrre qualche deviazione dai canoni di una formazione rigorosa. Ma Martinelli non ci cadeva mai, era comunque considerato severissimo, e anche per questo lo stimavo. Quando mi incaricò la prima volta di fare esami mi toccò in sorte, a metà appello, una bellissima ragazza bruna del Movimento. Si sedette accanto a me nella fila di banchi destinata agli esercitatori. Alla fine le dissi, con i miei criteri bocconiani, "25", lei mi disse, con il suo tono soave, "dai, fai 28" e io, come se la mano fosse guidata da una energia sovrannaturale, scrissi 28. Passai tutta la sera a darmi del cretino.

Venne la primavera del 1975 e mi fu chiesto di tenere il mio primo seminario. Lo feci sulla questione meridionale, la mia primigenia specializzazione, sviluppatasi per cerchi concentrici sempre più larghi a partire dalla tesi sulla mafia. Un seminario "solo" sulla mafia sarebbe stato infatti considerato, allora e per altri decenni, materia per siciliani malati di provincialismo. Venivano venticinque, trenta studenti. Le differenze di impegno e di preparazione tra loro erano piuttosto evidenti. L'idea di proporre valutazioni individuali non mi sfiorò nemmeno. Non si usava. Specie nei seminari si era affermata l'abitudine, del tutto ideologica, di assegnare un voto collettivo. Ma i partecipanti erano tanti e diseguali. Così, pur essendovi diversi militanti politici che mi conoscevano come uno di loro, sfidai l'usanza. Il bisogno di decenza mi spinse a osare: due tipi di valutazioni, 28 e 30, in base al livello di preparazione. Ci fu la rivolta. Venni accusato di volere dividere gli studenti con il voto come i padroni dividevano gli operai con il salario. Con qualche dolcezza, venni praticamente sequestrato in aula per alcune ore. Tenni duro e a metà pomeriggio la spuntai. L'argomentazione decisiva mi venne dal contesto. Le leader della protesta – si chiamavano Patrizia e Rita, e sarebbero state tutte e due mie laureate – avevano spiegato animosamente che la divisione fra 30 e 28 avrebbe penalizzato in una prova orale chi, come loro, avesse avuto un temperamento timido. Dopo sei-sette ore chiesi loro se a rigor di logica potevano definirsi timide delle studentesse che guidavano una protesta e occupavano un'aula.

Il clima si stemperò. Diedi i miei 30 e i miei 28, e giuro che qualche 28 grida ancora oggi vendetta al cielo.

Sarei rimasto in facoltà sino al 1977-78, sempre tenendo seminari sulla questione meridionale, mantenendomi all'università (come assistente...) grazie all'insegnamento. Facevo il supplente annuale: prima di matematica e fisica a Cinisello Balsamo, poi di geografia economica all'istituto Cattaneo per ragionieri a Milano.

Ma proprio alla fine del 1975 la facoltà, vedi un po' come si sommano ricordi e simboli, si popolò di una nuova presenza. Vi giunse Emilia, mia moglie. E con un ruolo particolare: segretaria a mezzo tempo dell'istituto di Sociologia. Era accaduto questo. Che erano trascorsi ormai cinque anni da quando ci eravamo messi insieme ("fidanzati" allora non si diceva, era più vietato che rompere una vetrina). Amore a distanza. Oggi inconcepibile. Lei a Palermo, io a Milano. Per vederci praticamente solo d'estate, a Natale e Pasqua, più un viaggio a testa all'anno verso la città dell'altro, dati i costi inarrivabili di allora degli aerei. E in mezzo, a riempire le distanze, caterve di lettere, di quelle portate dal postino. Quando seppi che l'istituto cercava una segretaria a mezzo tempo ma senza, inutile dirlo, poterla assumere, suggerii ad Alberto Martinelli il nome di Emilia. La quale stava lavorando da tre anni come segretaria a tempo pieno (e regolarmente assunta) all'istituto di Architettura di Palermo con Gino Pollini, il padre di Maurizio, il grande pianista. Ma per quel sentimento che muove il mondo e soprattutto i giovani scelse di abbandonare il certo per l'incerto. Alberto girò la proposta al direttore del tempo, Alessandro Pizzorno, che la accolse senza nemmeno sapere chi io fossi. Emilia arrivò così in istituto. Fu la svolta sognata, la fine di ogni malinconico addio di stagione, e la realizzazione della piccola, grande favola: dopo anni interminabili si viveva nella stessa città. Fu anche la fine di altri progetti, per anni accarezzati. Niente borse a Harvard, Sociologia. Niente borse a Varsavia, Economia dei paesi socialisti (nessuno rida, questa materia veniva insegnata anche alla Bocconi, e a Varsavia c'era uno dei suoi luminari, Wladimir Brus).

Alberto sapeva del nostro rapporto. Ma non volevamo che lo sapessero gli altri. Così in facoltà continuammo per molto tempo a darci del lei, tranne che in ascensore, se ci capitava di salire o scendere insieme da soli. Qualche giovane collega mi diceva "Carina la segretaria", e io annuivo discretamente, "Sì, ha dei begli occhi." Poi iniziammo a essere notati insieme al cinema o in qualche trattoria, si incominciò a vociferare che fosse "nata una storia" e nel 1977 tutto divenne ufficiale quando annunciammo il nostro matrimonio. Che fu possibile perché proprio i genitori di una mia collega, Luisa Leonini, sapendo della nostra disperazione di coppia squattrinata e orgogliosa, ci offrirono una loro casa in comodato gratuito. Dovevamo solo pagare le spese. E fu la seconda svolta dovuta a Scienze politiche. Dalla quale comunque me ne andai nel 1979.

Di concorsi in effetti non si vedeva l'ombra, di nessun tipo, e ormai ero laureato da sei anni. La Bocconi, come università privata, apriva qualche speranza in più. Mi ci ero laureato, avevo amici, e un po' (anche grazie al ruolo di mio padre nella lotta al terrorismo) stavano cadendo i pregiudizi dovuti alla mia precedente militanza nel Movimento studentesco. Feci l'addetto alle esercitazioni anche lì, finché arrivò l'incarico del primo corso come professore a contratto: Sociologia generale. Una esperienza grandissima, oserei dire grandiosa. Le lezioni erano rivolte a trecento, quattrocento studenti, disposti ad anfiteatro. La prima volta sentii come di avere davanti una muraglia umana. Non fu facile conquistarne l'attenzione per due ore di fila. L'emozione scavò e operò senza sosta: benché fosse ottobre gocce di sudore caddero letteralmente dalla fronte sulla cattedra per tutto il tempo della lezione.

Intanto due anni prima, sempre nel 1979, anche Emilia aveva lasciato Scienze politiche; dopo l'arrivo del primo figlio, Carlo, era davvero troppa l'incertezza dei nostri due mestieri. Si sacrificò lei, accettando l'idea di un meno emozionante posto in banca. Con via del Conservatorio, dove i venti della contestazione si erano ormai sgonfiati a timidi refoli, la storia sembrava chiusa per entrambi. Ora era Bocconi più banca, ovvero quanto di meno rivoluzionario si potesse immaginare. Eppure non fu vita quieta lo stesso. Negli anni successivi la mia esistenza fu sconvolta da fatti di un qualche risalto, che qui non rievoco. E a fine 1984 arrivò per la prima volta la possibilità di partecipare a un concorso pubblico per professori di ruolo. Mi candidai per il mio raggruppamento, quello di cui già ho detto, Sociologia economica, del lavoro e dell'organizzazione. C'erano nove posti di professore associato sparsi per l'Italia, uno proprio a Scienze politiche di Milano, dove nel frattempo Alberto Martinelli stava passando all'insegnamento di Scienza della politica. Era libero proprio il suo posto. Lo confesso con qualche pudore: ebbi una fortuna sfacciata. La prova orale, che giunse tre anni dopo, consisteva in una lezione da tenere su un argomento da scegliere ventiquattr'ore prima fra tre titoli, che a loro volta venivano estratti a sorte tra cinque. E io ci arrivai con un rimpianto che non mi dava pace: non essermi potuto preparare a quell'appuntamento, nonostante rappresentasse la mia prima, grande e forse irripetibile occasione. Ero purtroppo impegnato con il maxiprocesso di Palermo, iniziato nel 1986, in cui mi ero costituito parte civile. Il mio impegno, di analisi storica, di ricerca senza sosta, era stato da tempo tutto assorbito da quell'evento, che molto di più mi richiamava alle mie responsabilità. Così, quando estrassi il primo titolo e lo lessi, affettai una sovrana indifferenza. In realtà avrei voluto lanciare davanti ai commissari un urlo di gioia disumano. Era esattamente il tema di sociologia dell'organizzazione che svolgevo da anni nei corsi di formazione dell'Elea Olivetti, di cui ero consulente: i modelli organizzativi di impresa. Non ricordo nemmeno gli altri due titoli estratti perché mentalmente avevo chiuso la vicenda in un secondo. Ventiquattr'ore dopo sostenni la prova. Tra la familiarità con l'argomento e la fondamentale esperienza didattica acquisita nei corsi della Bocconi, me la cavai più che bene. Soccorso da quella felice vena che ogni tanto aiuta gli audaci, rispettai perfettamente i tempi assegnati (molti furono infatti i candidati in difficoltà nella gestione dei quarantacinque minuti). Vinsi il posto di Milano. Era l'anno accademico 1987-88. Pur mantenendo un incarico a contratto alla Bocconi, era il mio ritorno a Scienze politiche, nel corso che era stato di Martinelli e presso cui avevo, subito dopo la laurea, sognato di fare l'addetto alle esercitazioni per qualche decina di migliaia di lire l'anno. Quasi non ci credevo. Non ci credevano molti dei miei amici, che mi chiedevano: "Con chi lavori?", come a dire: "Di chi fai l'assistente?" "Da solo," rispondevo con orgoglio.

Incominciò così la mia seconda volta. La facoltà era molto cambiata. Ma alcuni tratti di fondo li aveva mantenuti. In primo luogo era un po' la patria degli studi sociologici in Italia. Non ricordo che vi fossero università eguali per quantità e anche qualità complessiva di offerta didattica. C'era la Sociologia di tutto. Generale, politica, urbana, del lavoro, economica, della scuola, della famiglia, della medicina, del diritto, della devianza. C'erano la Storia del pensiero sociologico, la Metodologia della ricerca sociale, la Psicologia sociale. In secondo luogo aveva mantenuto, pur nella Milano da bere, una sua centralità politica. Nel giro di un decennio avrebbe fornito alle istituzioni politiche e ai partiti un importante contributo di propri docenti. Anche in parlamento: da Carlo Smuraglia a Michele Salvati, da Laura Balbo (che sarebbe stata ministro) a Pietro Ichino, da Gaetano Pecorella a me medesimo. Gli studenti erano tendenzialmente vivaci e interessati alle cose del mondo. Insegnando in parallelo alla Bocconi potei apprezzare un fatto importante. La popolazione studentesca di Scienze politiche era meno proiettata verso il successo individuale e aveva una composizione sociale mediamente meno elevata. Soprattutto quest'ultimo carattere me la rendeva più cara, direi particolarmente cara. Molti erano gli studenti che giungevano da famiglie senza laureati, che visibilmente si cimentavano con gli studi affrontando difficoltà economiche o che si mantenevano con lavori e lavoretti. Pur nelle diseguaglianze che la segnavano, la facoltà rappresentava davvero l'idea di una università alla portata del popolo. Lo dicevano le stesse giustificazioni "per il lavoro" che bisognava firmare a chi frequentava le lezioni o a chi sosteneva gli esami. Lo raccontavano meravigliosamente i visi e gli abbigliamenti delle famiglie che venivano, allora compunte e rispettose, a festeggiare il conseguimento della laurea alle discussioni di tesi, coronamento di vite di sacrifici collettivi.

Il mio corso si teneva in primavera e si divideva in due parti. La prima trattava il rapporto tra economia e società negli autori classici. La seconda il rapporto tra sviluppo economico e classi sociali nel secondo dopoguerra in Italia. Iniziai insegnando in aule da cinquanta studenti, finii, come ho detto, in un cinema. Era in gran parte effetto dei piani didattici. Non c'era ancora, infatti, la moltiplicazione senza fine degli indirizzi di laurea; erano pochi, e in quello sociologico la mia materia era obbligatoria. Fatto sta che le lezioni mi permettevano anche di conoscere studentesse e studenti appassionati e vivaci, alcuni dei quali sarebbero diventati nel tempo miei colleghi. Il clima era effervescente, partecipativo. Gli studenti prendevano appunti stando chini a dieci centimetri dal loro piano di scrittura, impedendomi così di cogliere dallo sguardo, come piace a me, il grado di coinvolgimento in quello che dicevo. Di loro vedevo soprattutto i capelli, anche perché il palco del cinema mi metteva diverse spanne al di sopra delle teste. Un giorno Anna, studentessa lavoratrice che faceva avanti e indietro da Piacenza nonostante importanti problemi familiari, mi regalò dopo l'esame una fotocopia dei suoi appunti. Rimasi sbalordito: c'erano per filo e per segno tutte le mie lezioni, sistemate in un ordine cartesiano di cui io non sarei mai stato capace.

Mi gratificava trovare studenti di Scienze politiche anche fuori dall'università. Nei luoghi dei dibattiti serali, alle presentazioni di libri dove parlavo di mafia, anche se a lezione, per le scelte di metodo già spiegate, non ne parlavo praticamente mai. Tra me e gli studenti si realizzò quasi una comunione silenziosa. Tanto che la facoltà divenne, tra tutte, quella che diede in assoluto il maggiore apporto alla storia e alla redazione di "Società civile", il mensile di battaglia, antimafia e anticorruzione, soprattutto, che dirigevo in quegli anni con Gianni Barbacetto e a cui affluivano ogni anno decine e decine di giovani volontari. Ai miei laureandi permettevo comunque di entrare in redazione solo dopo la conclusione degli studi, per evitare commistioni di ruolo.

Seguivo con affetto, non solo con interesse, questa nuova generazione post-rivoluzionaria che tutti davano per convertita al consumismo e all'apatia. Era ricca di idee, valori e forse soprattutto di fantasia. Lo dimostrò quando nacque il breve Movimento della Pantera, nel 1990. Il nome veniva da una pantera avvistata una notte del dicembre 1989 in via Nomentana a Roma. La caccia all'animale era risultata infruttuosa. Da lì lo slogan coniato dal Movimento che era sbocciato pochi giorni prima, e significativamente, all'università di Palermo: "La Pantera siamo noi." Per rivendicare la sorpresa, l'esistere quando e dove nessuno se lo sarebbe aspettato. Durò un anno, non di più. Ma segnò una generazione che si opponeva al ritorno dello spirito di guerra in agguato (la guerra del Golfo del 1990-91) dopo la caduta del muro di Berlino. E che chiedeva più democrazia e più moralità pubblica. Scienze politiche ne fu a Milano una delle culle. Rimasi colpito un mattino vedendo decine e decine di miei studenti che ritenevo tranquilli e rispettosi dell'ordine costituito animare con allegra irriverenza una grande manifestazione nel cortile saltando e intonando uno slogan sino allora mai sentito, e che sulle prime non riuscii a decifrare. Diceva: "Chi non salta socialista è, è." Andarono avanti, con qualche breve intervallo, per circa mezz'ora. Saltando, felici della loro trasgressione. Ho ripensato spesso a quel mattino. E mi sono convinto che se ai dirigenti e ai militanti socialisti di allora piace ancora oggi pensare che il proprio partito sia stato sgominato nel 1992 da un complotto di giudici politicizzati, in realtà esso aveva iniziato ad andare a picco già due anni prima sotto gli slogan pacifici e festosi di quei giovani. I quali chiedevano non cose eversive, ma una civiltà politica diversa. Scienze politiche era un termometro di quanto stava accadendo, soprattutto sul versante progressista. Ne ebbi la conferma una sera di primavera del 1991. Nella grande sala della provincia era in programma la presentazione alla città di Milano del neonato Movimento della Rete. Che avevo contribuito a fondare con Leoluca Orlando, sindaco già democristiano eversivo di Palermo, e con alcuni altri amici del movimento antimafia (da Alfredo Galasso a Claudio Fava a Carmine Mancuso) e l'ex sindaco di Torino Diego Novelli. La Rete faceva della lotta alla mafia la sua principale ragione di vita. Quella sera lo spettacolo della sala fu impressionante, inebriante. Strapiena come non l'ho mai più vista. Straripante di ragazzi, che letteralmente non ci stavano e che perciò, esauriti i molti metri quadri dei pavimenti, vennero a procurarsi circa duecento posti in più appollaiandosi sul palco. Mi accorsi che gli studenti di Scienze politiche erano un'infinità. Con mia nuova sorpresa. Perché io, in facoltà, sulla Rete non mi ero mai fatto sfuggire una parola.

Il movimento prese il volo. Alle elezioni politiche del 1992, nell'elettorato giovane, sotto i venticinque anni, giunse a Milano al 20 per cento. Venni eletto in parlamento in aprile, e per terminare il corso volai per settimane avanti e indietro da Roma tre giorni alla settimana, ogni volta giungendo trafelato con il borsone a prendere il mio posto tra Minnie e Paperino. Trovai di nuovo molti studenti di Scienze politiche a sostenermi l'anno dopo nella mia campagna a sindaco. Ma ne trovai anche sul fronte opposto, quello della Lega rigeneratrice della politica, per dire che il termometro funzionava. Tornai nel 1994, dopo la prima legislatura, come se ci fosse stata solo una breve interruzione. Partii di nuovo per il parlamento nel 1996 e chissà perché (in fondo nessuna razionalità lo giustificava) ebbi la sensazione che non sarei mai più tornato, se non per qualche tesi di laurea da condurre alla discussione finale. Mi sbagliavo.

Dodici anni dopo, infatti, fui costretto a tornare. In realtà, pur rientrando in università, le cose sarebbero potute andare diversamente. Perché nel frattempo era nata la nuova università di Stato milanese, la Bicocca, all'estremo nord cittadino, sui terreni della vecchia Pirelli. E lì era nata la facoltà di Sociologia, che aveva arruolato in massa i sociologi di Scienze politiche, tra cui molti dei più bravi. In via del Conservatorio, a osservare i programmi, gli studi sociologici sembravano usciti da una ferrea cura dimagrante. Quasi un bombardamento bellico. Che fare? Premesso, come è giusto, che in ogni caso nessuno mi aveva proposto di andare alla Bicocca, non mi avventurai nemmeno in alcuna ipotetica valutazione comparativa. Fui straordinariamente prosaico. Ero impegnato in Libera e più in generale nel movimento antimafia. Avevo appuntamenti pubblici quasi tutte le sere ed ero spesso in viaggio. La Bicocca era lontana, lontanissima. Rispetto a casa mia, stava proprio dalla parte opposta di Milano. Due ore di viaggio al giorno come minimo. Non ci fu dilemma possibile. Scelsi senza esitazioni di tornare di nuovo a via del Conservatorio. E fu la mia terza volta a Scienze politiche.

PERCHÉ LA STRADA SI FA CAMMINANDO...

Come tutto sia ricominciato, l'ho già raccontato. E ho pure aggiunto che dal secondo anno mi venne affidato anche l'insegnamento della materia su cui avevo vinto il concorso, Sociologia dell'organizzazione. Ma proprio il secondo anno mi fece capire, da subito, che il progetto che avevo avviato mi sarebbe cresciuto tra le mani. Oltre le previsioni. Fino a perdere il controllo dei suoi sviluppi. Accadde infatti che proprio per iniziativa del giovanissimo studente di famiglia palermitana di cui ho parlato, Dario, nacque un'associazione studentesca che organizzò in inverno e primavera a Scienze politiche un grande corso di formazione sulla mafia aperto alla cittadinanza. Il titolo era Mafia, Stato, società nella storia della repubblica italiana. Si teneva nel secondo pomeriggio e fu come riaprire dopo tanto tempo l'università alla città. Restituirle vita. Giunsero ospiti importanti, contattati direttamente dagli studenti, sotto una mia solo formale "supervisione scientifica". Giunsero Nicola Tranfaglia, Gian Carlo Caselli, Roberto Scarpinato, Francesco Forgione, Salvatore Lupo... Affluenza altissima, più di duecento-duecentocinquanta persone a ogni incontro. Ma non solo di questo si trattava. Andavo la sera nei comuni della

Lombardia a parlare di mafia e trovavo ovunque nel pubblico uno o più dei miei studenti, che ci avevano portato amici e genitori. Bastava alzare lo sguardo verso il fondo e indovinavo regolarmente visi giovanili familiari, e se avevo qualche dubbio subito me lo toglieva un sorriso complice. Ci sono anch'io, prof.

Già, gli studenti. Neanche fossero stati degli apostoli in miniatura, avevano incominciato a parlare in lungo e in largo di quel che avevano capito, a smuovere una società per troppo tempo imbambolata, anche se finanziava le cene di solidarietà per le cooperative nate sui beni confiscati in Sicilia o in Campania. Gli studenti, dall'alto dei loro vent'anni, presero a spiegare che era inutile solidarizzare con popolazioni lontane se non si combatteva la mafia in casa propria. Anzi, iniziarono a darsi da fare nei paesi in cui vivevano. Coinvolgevano bibliotecari, parroci, assessori, librerie, i loro insegnanti delle superiori, per svegliare una regione gelosa della sua sonnolenza. Intrapresero una sorta di campagna di civilizzazione. Ricordo una serie di incontri promossi a Legnano da uno di loro, Nicola, nella latitanza delle associazioni di categoria. Quasi da solo coinvolse il vescovo e portò quattrocento persone a sera per tre volte di fila, folle mai viste in certe contrade su certi temi. E nemmeno questo bastava. Gli studenti mi mandavano via mail informazioni di prima mano sulla presenza dei clan nei loro comuni, dimostrando di sapere cogliere perfettamente il senso di alcuni episodi o situazioni, che invece sfuggiva clamorosamente agli amministratori locali e qualche volta addirittura alle forze dell'ordine. Fu già il secondo corso, quello del 2009-10, a rendere visibile questo effetto di mobilitazione. I frequentanti aumentarono di circa il 50 per cento. In poche settimane si mise in luce un folto gruppo di studenti dotati di grande personalità e spirito di iniziativa, i cui scambi di opinione a lezione avevo colpevolmente interpretato all'inizio per distratto chiacchiericcio. Ma il 2010 fu anche l'anno in cui Libera tenne la sua manifestazione nazionale del primo giorno di primavera proprio a Milano. Il lavoro preparatorio fu fitto, capillare, e contrariamente alle aspettative piazza Duomo, secondo le stime della questura, si riempì di centocinquantamila persone. Una marea di giovani, tanto che i soliti insoddisfatti, gli abbonati del "mancano i giovani", lamentarono quella volta che mancassero gli adulti. Fu un passaggio storico. Le istituzioni cittadine si erano tenute prudentemente lontane dall'evento. I giovani ci erano arrivati in massa. Il termometro funzionava, in vista del 2011, anno in cui sarebbe cambiata l'amministrazione cittadina. Incominciava a gonfiarsi il numero delle tesi di laurea. Erano circa quaranta l'anno, un numero impensabile in una materia a scelta. Chieste su ogni tema possibile. Le donne e la camorra. La 'ndrangheta a Buccinasco. Il voto di scambio. I beni confiscati. Mafia e politica. 'Ndrangheta e informazione. Pio La Torre.

Mi resi conto che in quel ribollire di attività e di emozioni mi toccavano almeno tre compiti.

Il primo era di insistere sulla scientificità del lavoro che eravamo chiamati a svolgere, nessuno doveva credersi competente perché sapeva a memoria l'elenco delle collusioni tra mafia e politica, e nessuno doveva trasformare una tesi di laurea in cronaca giudiziaria, anche se purtroppo qualche libro lo portava in quella direzione; la nostra si chiamava, non per nulla, Sociologia della criminalità organizzata.

Il secondo era di colmare un vuoto sconcertante di memoria collettiva. Già al rientro dal parlamento mi ero accorto che ormai anche sui libri sembrava che la lotta alla mafia fosse iniziata dopo le stragi del 1992, a partire da quel grande spartiacque piantatosi sanguinosamente nella coscienza nazionale. Per questo avevo voluto realizzare con Einaudi una antologia dei "classici dell'antimafia" da mettere sin dal terzo corso a disposizione degli studenti. Che nulla sapevano, perché nessuno glielo raccontava più, di Leopoldo Franchetti e Napoleone Colajanni, di Pio La Torre e Danilo Dolci, di Michele Pantaleone e Giuseppe Fava.

Il terzo era infine quello di spingere l'istituzione universitaria al servizio del territorio. Di usare le tesi di laurea non per baloccarsi con i massimi sistemi ma per conoscere *concretamente* il modo in cui le organizzazioni mafiose si erano insediate nei comuni della Lombardia. Occorreva smetterla con l'autoimmaginazione e fare ricerca: sapere come era stata possibile quell'avanzata incontrastata, così da sfatare i luoghi comuni e progettare strategie di difesa efficaci. Avevamo la responsabilità di costruire un nuovo sapere collettivo. Da qui, finalmente, "gli studi di comunità": Buccinasco (su cui feci poi un libro con Martina Panzarasa, la mia prima laureata magistrale), Limbiate, Bollate, Desio, Cologno Monzese, Seregno, ma anche Lecco o Varese o Como o Pavia o la provincia di Bergamo, e progressivamente anche i quartieri di Milano.

Proprio la qualità delle tesi, e l'impegno scientifico e civile che esse testimoniavano, mi spinsero a inaugurare nel febbraio 2011 una manifestazione che nel tempo è diventata una speciale tradizione di facoltà: la serata della Meglio Gioventù. Davanti alle autorità cittadine, le tesi migliori in materia di criminalità organizzata scritte nell'anno precedente vengono presentate in pubblico dagli autori. Tutte le altre tesi vengono poi illustrate da me in un tripudio di applausi che i neolaureati, diventati amici durante le attese del ricevimento studenti, si regalano reciprocamente, tra amici, fidanzate/fidanzati e parenti, venuti anche da molto lontano, curiosi, cittadini compiaciuti. Una vera festa collettiva. Per associazioni e studiosi anche una grande occasione di aggiornamento di gruppo. Ho poi scoperto per caso che molti studenti sognano, già mentre scrivono la tesi, di essere tra i prescelti che prenderanno la parola davanti a quel pubblico eccezionale.

Nello stesso periodo mi venne un'altra idea, che avrebbe a sua volta messo in moto energie insospettabili: realizzare un laboratorio di Giornalismo antimafioso. Proprio così: "giornalismo antimafioso". Osservando le loro forme di impegno universitario, mi ero in effetti reso conto che alcuni dei miei allievi migliori mostravano una spiccata propensione per il giornalismo. Ma scrivere bene di mafia chiede competenze precise, coraggio, etica giornalistica, conoscenza dei meccanismi che governano i rapporti tra società, informazione e poteri criminali. Era certo una proposta didattica molto specialistica. Di più. Il titolo supponeva una radicale scelta di campo; cosa inusuale, almeno sul piano formale, in ambito accademico. Eppure il laboratorio venne riconosciuto in più indirizzi di laurea. Perché, questo devo dire, anche se nulla sapevano della materia che trattavo, molti sono stati i colleghi che in questi anni mi hanno aiutato nel mio impegno svolgendo il proprio ruolo.

Gli studenti assunsero dunque come loro bussola l'etica del giornalismo di Pippo Fava, il direttore del mensile "I Siciliani" ucciso a Catania nel 1984. E questa fu per me una notizia folgorante. Quasi trent'anni dopo. Da Catania a Milano. Com'era stato possibile? Per quale via? Rivediamo dunque il passo centrale di quel testamento morale, scritto da Fava poco prima di fondare il mensile che lo avrebbe portato alla morte:

Io ho un concetto etico del giornalismo. Ritengo infatti che in una società democratica e libera quale dovrebbe essere quella italiana, il giornalismo rappresenti la forza essenziale della società. Un giornalismo fatto di verità impedisce molte corruzioni, frena la violenza, la criminalità, accelera le opere pubbliche indispensabili, pretende il funzionamento dei servizi sociali. Tiene continuamente in allerta le forze dell'ordine, sollecita la costante attenzione della giustizia, impone ai politici il buon governo. Se un giornale non è capace di questo, si fa carico anche di vite umane. Persone uccise in sparatorie che si sarebbero potute evitare se la pubblica verità avesse ricacciato indietro i criminali, ragazzi stroncati da overdose di droga che non sarebbe mai arrivata nelle loro mani se la pubblica verità avesse denunciato l'infame mercato, ammalati che non sarebbero periti se la pubblica verità avesse reso più tempestivo il loro ricovero. Un giornalista incapace – per vigliaccheria o calcolo – della verità si porta sulla coscienza tutti i dolori umani che avrebbe potuto evitare, e le sofferenze, le sopraffazioni, le corruzioni, le violenze che non è stato capace di combattere. Il suo stesso fallimento!

Parole da brivido, altro che scuole e master di giornalismo. Fui orgoglioso di quella loro scelta. Si educarono alle inchieste, bevendosi serate di formazione con Mario Portanova e Fabrizio Gatti, giornalisti di frontiera, e stabilendo da allora una corrispondenza d'amorosi sensi con Riccardo Orioles, il risorgimentale luogotenente dello stesso Pippo Fava. Fu una grande e imprevista opportunità di crescita. Per loro fu la fine dei periodici universitari...

Partecipò anche, venendo da Lettere, una giovanissima giornalista che di lì a poco avrebbe fatto parlare di sé sulla grande stampa e di cui racconteremo più avanti: Ester Castano. Al termine gli studenti decisero di mettere a frutto quel che avevano imparato fondando un sito di informazione sulla mafia. Si discusse che nome dargli. Vinse ai voti StampoAntimafioso, che evocava il ruolo della stampa ma evocava anche, rovesciandolo, lo "stampo mafioso" punito dalla legge Rognoni-La Torre.

Ne nacque www.stampoantimafioso.it, diventato rapidamente autonomo dal sottoscritto, e certo il miglior sito lombardo sull'argomento. Senz'altro il sito più attento alle esperienze antimafia, al buono che cresce senza fare rumore, ma anche al cattivo di cui si preferisce non parlare se non vi si è costretti dalla magistratura. Monitorato, come nel tempo si è visto, dagli stessi avvocati dei clan e dai loro assistiti. Il laboratorio, dal suo canto, venne istituzionalizzato come appuntamento biennale a numero chiuso (venticinque-trenta studenti), ed è oggi una delle esperienze formative più avanzate in materia.

Contemporaneamente iniziò un'esperienza interdisciplinare con la nuova accademia di Belle Arti. L'idea era di lavorare sulla rappresentazione che i media davano del fenomeno mafioso. Come docente dell'accademia collaborava con me Patrizia Moschella, mia ex studentessa della "seconda volta" di Scienze politiche. Ne venne fuori, tra l'altro, lo slogan poi fatto proprio dal comune di Milano per i suoi festival dei beni confiscati. Semplice, fulminante, come viene in mente solo ai giovani quando, anche senza sapere troppo, colgono il nucleo di un problema: "La mafia non esiste. Firmato: la mafia".

Insomma, tra il 2010 e i primi mesi di quel 2011 intuii che, ormai indipendentemente da me, stava entrando in azione un formidabile, spontaneo meccanismo di allargamento e di moltiplicazione di ciò che avevo ideato. Pensando al "moltiplicatore keynesiano" (gli investimenti pubblici che promuovono sviluppo) coniai l'espressione "moltiplicatore pedagogico". E mi piacque assai, l'avrei, da lì in poi, sempre usata. Per dire che una seria attività didattica mette in movimento, spontaneamente, energie che vanno al di là di ogni previsione. E, in definitiva, con quale obiettivo avevo introdotto quel corso? Formare ogni anno qualche decina di giovani che portassero poi nel lavoro, nelle associazioni, in politica, competenze e sensibilità prima inesistenti. Ma tutto stava andando oltre. Gli studenti organizzavano attività di formazione in proprio, smuovevano comunità e situazioni locali, facevano informazione, andavano a trascorrere settimane di vacanze nei beni confiscati. E inoltre, e questa fu una delle mie scoperte più importanti, non imparavano soltanto ma *producevano conoscenze nuove*. Che altro facevano con le loro tesi di laurea, con i loro studi di comunità o andandosi a studiare il caporalato a Rosarno o il diritto di tenere un blog in Calabria? Diverse delle tesi migliori diventavano saggi per riviste, in particolare per il mensile "Narcomafie". Sembrava una rivoluzione culturale. Merito del corso? Merito loro? La risposta più sensata che riuscii a darmi fu che il corso aveva fatto saltare il tappo. Che a dispetto di quel che si dice sui giovani c'era nella società italiana un'ampia e sottovalutata riserva di disponibilità all'impegno contro la mafia, su cui il paese e soprattutto il suo sistema universitario non avevano mai scommesso.

Registrai questo clima di euforia proprio nel corso del 2010-11, anno accademico in cui, fra l'altro, mi era stato affidato anche un terzo corso: quello di Gestione e comunicazione di impresa. L'operazione Crimine-Infinito condotta tra Reggio Calabria e Milano aveva svelato nel luglio del 2010 la profondità del fenomeno mafioso in Lombardia. E Milano stava cambiando. Pur senza parlarne mai insieme, ma captando i loro discorsi prima e dopo le lezioni, compresi che i giovani di Scienze politiche (ancora il termometro...) avrebbero di lì a poco votato in massa Giuliano Pisapia sindaco di Milano.

Mi venne segnalata una cronaca delle mie prime lezioni apparsa su un blog intitolato "Qualcosa di sinistra". L'aveva scritta il 13 aprile un nuovo allievo sconosciuto, che negli anni sarebbe diventato mio collaboratore, nonché fondatore di iniziative in proprio, Pierpaolo. Chiedo di essere perdonato se ne cito due passaggi, ma servono a trasmettere l'atmosfera che sto cercando di ricostruire. "C'è un clima di grande attesa," scriveva Pierpaolo raccontando l'inizio del corso, "e si respira un entusiasmo che è raro trovare in altri corsi 'obbligatori', un interesse e una passione che non ho mai visto prima, almeno in una tale concentrazione, in un'aula universitaria." E spiegava:

> E va avanti dalla Chiesa a parlare, a spiegare, con una passione e un impegno anche fisico. Penso sia l'unico corso a cui abbia mai assistito in cui prendi appunti per oltre due ore di fila senza accorgertene. Mercoledì, dopo un'ora e mezza di ininterrotta spiegazione delle fasi dell'economia mafiosa, dalla Chiesa si ferma, propone due minuti di pausa e parte un coro di "*no, vada pure avanti*". La pausa è più per le sue corde vocali che per le nostre mani.
>
> Alla terza lezione siamo ancora più della prima. La voce si è sparsa, si moltiplicano gli entusiasmi, gli interessi, si riaccende una passione per una lotta comune. E ti vengono subito in mente le parole di Berlinguer: "*Ci si salva e si va avanti se si agisce tutti insieme e non solo uno per uno.*"

Lessi e mi commossi, era il segno che si stava davvero formando una nuova energia collettiva. Gli studenti ascoltavano, scoprivano un mondo e un punto di vista sconosciuti, e chiamavano gli amici. Una volta venne in aula una signora matura. Mi disse il perché, quasi scusandosi, a fine lezione: era stata convinta da una studentessa, cassiera nel bar in cui lei prendeva il caffè. Un'altra volta mentre spiegavo posai lo sguardo sulla seconda fila, vidi accanto due donne strepitosamente identiche, con la sola differenza di una trentina d'anni: la figlia aveva fatto venire la madre, che incontrò il mio sguardo ammiccando alla propria destra, come a dire "ha insistito lei". Gli studenti, e si capiva, ci tenevano, specie i frequentanti, a ottenere voti alti all'esame. Portavano più libri di quelli previsti, era come se desiderassero attraverso il voto una sorta di certificato di qualità. A volte sono stato costretto a spiegare a ragazzi delusi, un mattino anche a Valeria sull'orlo del pianto, che 28 è comunque un buon voto, che anch'io avevo preso al mio primo esame di Sociologia 28 (la severità di Martinelli...). Era come se ci si trovasse, così mi venne di dire una volta, davanti a *una società antimafiosa in movimento*. E non per nulla proprio quella primavera un gruppo di studenti, capeggiati da Dario, un trentenne che si era preso un lungo periodo sabbatico dal lavoro, realizzò con un piccolo contributo di duemila euro dell'ateneo un docufilm, *Global mafia*, che venne presentato con successo in rappresentanza dell'Italia al festival del cinema di Coimbra e andò poi in giro per scuole e università. Efficace, informato. Con Fanny, la studentessa del popolo viola, che vi realizzava la più bella intervista mai sentita a Giulio Andreotti. Era una nuova, straordinaria indicazione su quel che si poteva fare.

Era difficile sedersi a contemplare la bellezza di quell'entusiasmo e di quel paesaggio civile. Come vedere un piccolo popolo pronto a costruire un villaggio e non mettergli a disposizione terra e mattoni. Mi trasmetteva la spinta a fare sempre di più. Da tempo coltivavo l'idea di andare oltre, di provare a portare il progetto formativo a piani più alti, ovvero verso una platea di appassionati e specialisti, o di insegnanti e di ricercatori, o di quadri e professionisti. Un master? Questa parola magica non mi eccitava. Anzi, la tenevo in gran sospetto. In questo campo l'Italia è piena di bufale, mi dicevo, e se poi c'è pure l'aggettivo "europeo" se ne può avere quasi la certezza. Ne è fiorita una galassia intera a uso degli sprovveduti. Ne conosco pochissimi di valore. Costano soldi, e tanti, e in genere si fondano su convenzioni con imprese e amministrazioni pubbliche, e io, questo l'avevo ben chiaro, avrei dovuto fare tutto in un rigoroso regime di *spending review*. Di più: avevo anche ben chiaro che, per continuare a camminare su quel terreno, non avrei potuto sbagliare un passo. Immaginai dunque di creare un appuntamento intensivo di una settimana all'anno, una Summer School ai primi di settembre, per celebrare l'anno accademico in arrivo. Autogovernata e autofinanziata, ma inserita nell'offerta della facoltà. Aperta anche a non laureati, così da realizzare anche per questa via una iniezione di formazione specialistica nei più diversi rami della pubblica amministrazione, delle professioni, delle imprese, ma anche nelle associazioni e nei movimenti antimafia. Scegliendo un tema diverso ogni anno. Con quote di partecipazione modeste, in linea con le possibilità dei ricercatori, degli insegnanti, dei militanti civili. I ricchi, lo sapevo, non sarebbero venuti.

Era anche un modo per riunire ogni anno intorno ai diversi temi un'area più o meno mobile di appassionati e di esperti.

Per creare una *comunità scientifica* su una materia tenuta sino a pochi anni prima fuori dalle porte della scienza. Il concetto di comunità scientifica metteva sempre più radici nella mia testa. Occorreva andare oltre il singolo insegnamento, dare alla società italiana un "luogo" di riferimento (il classico *topos*), in cui le dimensioni morale, civile, scientifica si alimentassero reciprocamente e di continuo. Ne approfondii il senso anni dopo trovando una notazione di Gramsci sui *Quaderni*. Ignorata in precedenti letture ma ora diventata stella polare. La forza egemonica della cultura conservatrice in Italia, osservava Gramsci, stava nel suo diverso rapporto con la vita intellettuale dell'accademia. L'università, spiegava, è vissuta dai docenti come esamificio, e il professore vi intrattiene rapporti di vita con pochissimi allievi, quelli che cerca di mandare in cattedra. Croce e Gentile, invece, proprio attraverso l'università hanno prodotto nella società italiana una vasta comunità scientifica. Le hanno dato un'intelaiatura intellettuale. E hanno plasmato il paese.

Morale: la Summer School avrebbe avuto il compito di allargare il progetto a cui lavoravo, estendendo la platea degli allievi sul piano anagrafico e sociale. Esordio nel 2011. Da allora se ne è tenuta un'edizione all'anno. Sull'impresa mafiosa o sulla tassa mafiosa, sull'ecomafia o su mafia e sanità (che si è rivelata fondamentale per aprire un intero nuovo campo di ricerca), ma anche sui movimenti antimafia e sui talenti antimafiosi (quelli dei giovani che producono nuove conoscenze...). Le persone vengono, si conoscono, stabiliscono contatti, tornano l'anno dopo, anche dall'estero. Diffondono e si diffondono. Trovano un clima di rara concentrazione mentale, in cui si fa sintesi continua delle cose dette, e in cui si danno appuntamento università, associazioni e autorità pubbliche, dal sindaco di Milano al presidente del senato o della commissione parlamentare antimafia. Con la coda di serate in cui i giovani si assiepano intorno agli ospiti più noti a fare domande e ascoltare racconti di vita.

Furono così gettate nei primi tre anni le basi del cammino e dei progetti successivi. Immaginati e poi realizzati in una progressione spontanea di obiettivi e fantasie. Con la frenesia con cui si costruisce, appunto, un villaggio nuovo quando lo si vuole abitare. Ma, proprio come quando si costruisce un villaggio, dovendo superare a ogni passaggio il fatidico veto del leggendario "ufficio tecnico". Si dice che quando si chiede qualcosa a un barbaricino la prima risposta sia no. Questione di identità. Ecco, con la pubblica amministrazione è pressappoco lo stesso. Quando si concepiscono cose nuove la prima reazione di certi uffici non è quella di sentirsi orgogliosamente parte di un progresso comune, ma è quella di intimare un implacabile "non si può" ai temibili volonterosi. La morale barbaricina consuma così i suoi trionfi nel diritto amministrativo. È la rivincita della Barbagia sullo Stato. Il primo anonimo divieto di cui si è detto ("solo gli studenti del nuovo ordinamento") non fu infatti l'unico. Ne insorsero di sempre nuovi. Fu stabilito a un certo punto che il corso non poteva più consistere di tre moduli, e che doveva diventare di due. Soppressi allora il terzo modulo e lo trasformai in un altro insegnamento più breve, Sociologia della criminalità organizzata, *corso progredito*, dedicato alla metodologia della ricerca. Allora si stabilì un nuovo divieto: gli studenti che avevano già fatto la precedente materia per tre moduli non potevano sostenere il nuovo esame. Fu necessario un combattivo intervento del direttore di dipartimento, Marco Giuliani: solo la sua richiesta di una disposizione e di una motivazione scritte fece rientrare una proibizione che sarebbe fra l'altro spettata esclusivamente al corpo docente.

Poi si scoprì che grazie a una trovata di Equitalia la Summer School, che mi costava impegno e fatica aggiuntivi, che rendeva (gratis) più competitiva un'università statale e che si doveva necessariamente autofinanziare, andava inclusa nelle attività *commerciali* dell'ateneo, e che quindi bisognava applicare l'iva sulle quote individuali di partecipazione. Voleva dire un quinto in più di costi per i partecipanti, o, alternativamente, un quinto in meno di entrate per noi... E non parliamo poi dei bandi per reclutare ricercatori: bocciati perché chiedevo laureati con un minimo di specializzazione e non laureati generici. Poiché però queste pagine non nascono per produrre l'ennesima lamentazione sull'università italiana, qui mi fermo. Vorrei solo far capire per cenni al lettore che innovare è bello, ossigena l'animo. Ma ha qualcosa di darwiniano. Significa lottare contro quella potenza spirituale che è il pensiero burocratico, entità semidivina attratta dal fascino dei divieti e degli obblighi, e che perciò li crea (essendo a suo modo creativa...) per incessante deduzione.

Sta di fatto che nel 2012 nacquero le due creature più specialistiche alle quali stavo lavorando. Anzitutto il corso progredito di Sociologia della criminalità organizzata, dedicato, come si è detto, ai problemi metodologici della ricerca, riservato ogni anno a un gruppo di quindici-venticinque studenti particolarmente motivati. Dato il numero dei frequentanti, potemmo inventare dei focus group straordinari. Il pomeriggio più interessante fu quello in cui mi venne in mente di chiedere a ogni studente di associare la mafia a un animale e di spiegarne le ragioni. Mi interessava, le metafore sono fondamentali nella ricerca cosiddetta "qualitativa". Nessuno, e questo fu emblematico, rispose la piovra. Scartarono anche, realizzai dopo, gli accostamenti con animali forti e "nobili" come il leone o la tigre o l'aquila. Piuttosto il topo, il serpente, il lupo. O la iena e lo sciacallo (curiosamente, e ci riflettei dopo, attingendo senza saperlo alla celebre profezia del principe di Salina nel *Gattopardo*: "quelli che ci sostituiranno saranno gli sciacalletti, le iene"). Anche il coccodrillo. Fu una lunga opera di scavo tra fantasia, conoscenze e sensibilità, alla scoperta dell'immaginario giovanile. Un'altra volta lavorammo criticamente sui questionari proposti nelle scuole dai movimenti antimafia. Ne cogliemmo le tante trappole mentali e anche l'impreparazione storica di chi li aveva elaborati. Ancora una volta misurammo così quanto anche l'impegno civile più avanzato avesse bisogno di attenersi a parametri scientifici severi. Un'altra volta, invece, verificammo increduli come il clima umano, culturale, possa influenzare la memoria delle fonti orali. L'ex comandante dei vigili urbani di Corsico, chiamato a raccontare la storia della 'ndrangheta nel suo comune, si aprì al cospetto di quei ragazzi e del loro desiderio di sapere raccontando cose sepolte dalla memoria collettiva e mai scritte da alcuno: ad esempio un assalto armato dei clan alla caserma dei carabinieri negli anni settanta. Notai che se a essere protagonista di un episodio del genere fosse stato un gruppo terroristico il fatto sarebbe passato nella narrazione civile di generazione in generazione. Tornò il tema, fondamentale, della rimozione.

La seconda creatura fu il corso di perfezionamento in Scenari internazionali della criminalità organizzata, la grande scommessa. Anche questo, come la Summer School, si rivolgeva a un pubblico in gran parte esterno alla nostra università. In più comportava necessariamente costi di iscrizione non bassissimi. A Scienze politiche c'era allora soltanto un corso di perfezionamento, sui problemi dell'immigrazione, il che voleva pur dire qualcosa sulle difficoltà di questo tipo di progetti. Mettemmo insieme le forze. Il dipartimento di Scienze sociali e politiche più quello di Scienze internazionali, storiche e politico-giuridiche. Di fatto sempre io con due futuri grandi amici: Mariele Merlati, studiosa di relazioni internazionali degli usa, e Christian Ponti, studioso di diritto internazionale. Temetti l'avventura. Il salto delle competenze necessarie ad affrontare la scommessa era evidente. C'era il progetto, ma i docenti erano in gran parte da reclutare in ordine sparso da altre università e istituzioni. Naturalmente ci si parò davanti l'ennesimo editto anti-innovazione. I docenti esterni alla nostra università non potevano tenere più del 50 per cento delle lezioni. Ma il corso aveva un suo valore pionieristico proprio perché le competenze non erano già belle e pronte né tra le nostre mura né in alcuna università. Riuscimmo con qualche ingegno a ovviare alla regola e iniziammo il nuovo corso, che da allora si è tenuto con risultati ogni anno crescenti.

Laureati triennali di provenienza disparata, giovani avvocati e ricercatori, ma ormai sempre più esponenti delle forze dell'ordine, o titolari di funzione antifrode o antiriciclaggio in banche e amministrazioni: si formò così un altro importante tassello della "nostra" comunità scientifica. Generando effetti imprevisti. Perché il corso ha via via sospinto il ruolo internazionale di Scienze politiche nella ricerca sociale e nelle relazioni culturali. E anche nell'impegno civile. In particolare ha prodotto nel tempo una scelta che mi inorgoglisce come poche: quella di fare "nostra" la tragedia messicana e sostenere la causa dei familiari delle vittime dei narcos. Mi accompagna in particolare un ricordo. Un pomeriggio del marzo del 2015 ospitammo nel corso la testimonianza di Yolanda Moran, madre di un giovane *desaparecido* messicano. Quando Yolanda si alzò in piedi nell'aula seminari per prendere la parola mi sembrò una specie di Manitù femminile, la cui energia muta mandò in subbuglio il cuore di tutti. Yolanda è di Coahuila. Ed è la madre di uno dei ventisettemila mai ritrovati. La ripeté spesso quella cifra, come un mantra. Ventisettemila. Per spiegare che il suo paese è allo stremo, di fatto dicendoci che le mille e più vittime innocenti delle mafie che contiamo in Italia in un infinito rosario civile sono nulla davanti a ciò che accade nella sua terra. Ventisette volte solo gli scomparsi, più delle vittime del conflitto afghano; e centocinquantamila i morti. Rimproverò indirettamente chi parla solo degli studenti di Ayotzinapa, massacrati e rapiti nel settembre del 2014. "È stato un episodio terribile," disse, "ma prima ce ne sono stati a migliaia senza che nessuno se ne accorgesse." Nemmeno i giovani. "Perché da noi e con noi i giovani non ci sono," denunciò con voce bassa, ma dalla forza di tuono. "Come non ci sono gli intellettuali, che fingono che non stia accadendo nulla. Dopo la tragedia di Ayotzinapa, chissà se alla marcia che faremo il 10 maggio non saranno finalmente con noi anche gli studenti." Parlava tenendo appesa al collo la foto del figlio Dan Jeremel Fernández, sequestrato sei anni prima dai militari. Alle spalle, appoggiato a una finestra, teneva un altro cartello. Altre cinque foto. Quelle dei nipoti, dei figli del figlio. Una scritta straziante: "*Donde está mi papà?*" Spiegò però che a dispetto delle foto lei voleva parlare di tutti, perché tutti i ventisettemila erano *mis hijos*, miei figli. Così davanti ai nostri occhi si materializzarono di colpo gli scenari internazionali in carne e ossa. Fu una lezione senza confronti possibili. Quella specie di divinità india che raccontava il dolore senza piangere, e che diceva di volere ritrovare vivo suo figlio senza emettere un gemito, spiegava esattamente la Storia che si sbarazza dei diritti e del progresso con una gomitata. Al termine Rosaria, una allieva calabrese con il sogno di diventare magistrata, si gettò al collo di Yolanda e si strinse a lei per lunghissimi minuti, guancia a guancia, in un silenzio irreale, davanti a tutti. Allora Thomas, il giovane ricercatore che si occupa della resistenza civile messicana, annunciò senza più esitazioni: il 10 maggio io ci vado. A quel punto tutti, a partire da me, guardando il viso di Yolanda demmo un valore infinitamente più alto agli studi che stavamo facendo.

Studi e passione civile, università e comunità scientifica si erano fusi in quei lunghi minuti. La strada si fa camminando, mi piace insegnare da vent'anni citando una bella poesia di Antonio Machado. Il nostro cammino era nato per dotarsi di conoscenze superiori. Per non orecchiare, per capire sempre di più. E per schierare poi la conoscenza dalla parte della civiltà e dei diritti umani. E la strada, non disegnata prima, si era fatta proprio camminando. Di sicuro non avevamo immaginato di trovare nel suo mezzo la domanda di giustizia di una donna messicana. Lo stesso nostro Osservatorio sulla criminalità organizzata (cross), istituito nel gennaio 2014, era stato progettato come uno strumento di ricerca e di analisi capace di andare oltre i copia-incolla di atti ufficiali o le statistiche che ingannano. Ma cinque anni prima, al mio rientro in facoltà, avrei considerato la sua fondazione una follia. E invece il centro aveva già scritto per la commissione parlamentare antimafia le relazioni sulla presenza mafiosa nelle regioni del Nord, banco di prova per alcuni giovanissimi ricercatori – Ilaria, Federica, Roberto, Martina, Sarah, Samuele – spremuti da me fino all'ultima energia (perché è così che ci si forma...). E aveva assegnato, anche grazie al lavoro di ricerca di Federica, alti indici di presenza mafiosa a provincie come Reggio Emilia o Modena ben prima che vi fossero i processi giudiziari. Così come aveva iniziato la sua ricerca sulla grande storia dell'educazione alla legalità nella scuola italiana. O aveva programmato le ricerche di Carmela sui Balcani, di Roberto sulle favelas di Rio de Janeiro o, appunto, quella di Thomas sulla resistenza civile in Messico.

Oggi quella strada è andata ancora molto avanti, dopo le emozioni da brivido di quel pomeriggio di marzo. Sono nate subito dopo due nuove materie, Sociologia e metodi di educazione alla legalità e Organizzazioni criminali globali. E molto altro è fiorito, il villaggio si è continuamente allargato. È nata la "Rivista di Studi e Ricerche sulla Criminalità Organizzata", unica sulla materia in Italia. È stato istituito, con l'aiuto decisivo della presidente della commissione parlamentare antimafia Rosy Bindi e del rettore di Milano Gianluca Vago, il primo dottorato nazionale di ricerca in Studi sulla criminalità organizzata, nel 2017. Un'autentica rivoluzione, una festa, la consacrazione di una scienza a lungo rinnegata. Ma anche un regalo per quei giovani talenti italiani condannati altrimenti a farsi giudicare da chi ne sa meno di loro. E grazie a un mio più giovane collega, Gabriele Bottino, si è aperto il curriculum di laurea magistrale in Legalità e criminalità organizzata. E altre cose ancora, che possono essere trovate, direi quasi scoperte, in appendice al libro. Dall'"ulteriore insegnamento a scelta" alla laurea magistrale e al dottorato di ricerca lungo è stato il cammino. La strada, che non poteva essere prevista prima, può ora essere contemplata voltandosi indietro. Ora appare davvero "come scie nel mare", per riprendere la bellissima immagine di Machado. In mezzo ci sta quell'abbraccio indimenticabile. Perché si studia per conoscere. Ma si conosce per cambiare il mondo. Per questo Yolanda il 6 febbraio del 2018 è tornata nella nostra università, con due madri dei *desaparecidos* argentini. Per ricevere, con loro, la laurea *ad honorem* in Relazioni internazionali. Questo succede quando l'università sa avere un'anima.

IL CORTILE

Il mio amico segreto a Scienze politiche è lui. Lui a mettermi, alla sua sola vista, allegria o malinconia. Lui il compagno silenzioso e complice dei momenti che mi hanno inciso il cuore. Al quale rassegno con una sola, fuggevole occhiata i miei pensieri più intimi nel buio umido dell'inverno o sotto i raggi obliqui e stupendi dell'estate. Lui, il cortile. Niente lo eguaglia in bellezza a Scienze politiche. Eppure invano vi cerchereste qualcosa di speciale. È lontano anni luce dalle architetture ariose, dalle geometrie e dagli spazi verdi del grande cortile della sede centrale di via Festa del Perdono, in assoluto uno dei luoghi più suggestivi di Milano. È piuttosto piccolo, non ha né un albero né uno spazio verde, se si eccettua un piacevole giardino a cui si accede per uno stretto corridoio quasi invisibile al visitatore. È un acciottolato diviso in due. La prima parte dà su via del Conservatorio e vi si giunge da un piccolo porticato non privo di armonia, che riceve a sua volta bellezza dall'acciottolato antistante, quello del sagrato della chiesa di Santa Maria della Passione, un annuncio di barocco a fine Quattrocento. Il sagrato a sua volta fa da piazza di ingresso per il bellissimo conservatorio intitolato a Giuseppe Verdi, anch'esso disegnato con un cortile a ciottoli, che libra come aquiloni leggeri le sue musiche e i suoi canti verso le aule della facoltà. Una fuga di acciottolati, dunque, in uno spazio urbano tra i più eleganti della città.

Ecco, quando si arriva a Scienze politiche si cammina in quello spazio e si incontra la facciata neoclassica del palazzo nobiliare barocco Resta-Pallavicino. Superato l'atrio, si apre appunto la prima parte del cortile, sui cui lati stanno delle panchine addossate ai muri. Di fronte si hanno altri due brevi e armoniosi porticati orizzontali, dai quali si entra nella seconda parte del cortile, un po' più stretta e larga. Che conduce alle aule più grandi, alcune delle quali costruite in anni vicini, generando accostamenti di stili diciamo un po' arditi. Qui, sulla destra, c'è un'altra panchina, dietro cui si trova il famoso bar di Scienze politiche, che potrebbe originare una sua propria letteratura di cui vi sarà fatta grazia. Di fronte, soprattutto, c'è una breve e larga gradinata che funge da immensa panchina durante gli intervalli delle lezioni.

Quella che pratico di più è senz'altro la seconda parte del cortile. Perché faccio più spesso lezione nelle aule grandi. Ma anche per altre due ineccepibili ragioni. Una è che chi arrivi, come me, in metro o in autobus dalle parti di piazza San Babila scende poi verso la facoltà prendendo via Mascagni o la parallela via della Passione, per entrare infine da uno dei due ingressi laterali. L'altra è che il dipartimento di Scienze sociali e politiche ha appunto lì la sua scala di ingresso sin dai tempi della mia "seconda volta".

Ebbene, il cortile è la poesia della facoltà, il suo animo gentile (ne è anche ciclicamente il marchio di infamia, ma di questo parleremo dopo). La sua sobria eleganza colpisce chi si trovi un attimo a contemplarla negli orari o nei periodi in cui tutto si svuota. Chi si fermi a rimirarla disposto a perdere anche solo un minuto per associarla ai muri color ocra, tipici di questa parte di Milano come delle cascine padane, o per incatenarla in alto a quel cielo azzurro lombardo "così bello quando è bello", ne resta affascinato. Ma quell'eleganza ha in sé qualcosa di ambizioso e non si basta. Così si trasmuta in magia quando ospita il grande teatro delle emozioni giovanili che va in scena quasi quotidianamente dalla terza settimana di settembre ai primi giorni di luglio. In quel lungo periodo il cortile si popola di studentesse e studenti ancora croccanti di estate o via via infagottati per poi trasformarsi con il ritorno del caldo in lucertoloni sognanti. Assaporare, centellinare quelle atmosfere rende felici. Ragazze e ragazzi parlano di amori ("Allora lui mi fa...", "E a quel punto lei mi ha detto..."), di esami andati bene, di esami andati meno bene, si danno consigli, commentano le lezioni, talora si atteggiano a – ma a volte sono davvero – scienziati politici allo stato nascente. Si formano capannelli gaudenti, ne escono risate e frizzi complici, si svela il rapporto vero degli studenti con la facoltà e le sue discipline. Volendo, passando e ripassando (in fondo c'è l'alibi del bar...), in un pugno di metri quadri si possono anche indovinare le nuove mode: dai centimetri di pancia o di spalla femminile che vanno rigorosamente tenuti scoperti al preciso punto dei glutei da cui si dipartono in discesa i pantaloni maschili, dalle parti di gambe che devono trasparire o prorompere dai jeans fino alla scomparsa delle calze di inverno, un po' come le lucciole d'estate, anche se grazie a Dio Scienze politiche non è luogo da esibizione o da sfilata. È davvero impossibile sentirsi soli davanti a quel gorgoglio profondo di gioventù, anche se in certi momenti capita di provare la malinconia di non poterne fare parte.

Il momento più bello è sicuramente quello del rientro di settembre. In quelle due settimane, quando il sole batte sul cortile e il clima inizia a rinfrescarsi, i ragazzi si ritrovano in massa davanti alle aule e sulla gradinata. Li vedi riposati e contenti, anche se non lo ammetterebbero mai, di ricominciare. E si raccontano l'estate e i viaggi e le avventure. Ma soprattutto in quelle settimane arrivano le matricole. Con una iniezione di freschezza nella piccola società di Scienze politiche che si spande come profumo leggero. Per i nuovi ospiti inizia infatti la vita adulta; incominciano gli studi scelti davvero, quelli che, sia pure passando per strade imprevedibili, daranno loro un ruolo nella società. Avverti in loro, proprio fisicamente, la curiosità della prima volta, del mondo sconosciuto e sentito solo raccontare. E nel grande rimescolamento della prima volta è tutto un conoscersi, un interrogarsi, un corteggiarsi. Forse in nessun altro punto della vita è dato di assistere a una simile innocente effervescenza. Il cortile mostra in quei giorni i vantaggi del non avere né siepi né alberi. Solo così, infatti, può contenere masse pigiate, altrimenti costrette a emigrare o tracimare.

Poi sono belli i giorni, dieci, venti, in cui la primavera si fa annuncio d'estate. Allora di nuovo il cortile si riempie e gli studenti vi si riversano non solo per fumare negli intervalli (santo cielo, quanto fumano...). Ma per spogliarsi, per precedere l'estate in arrivo dopo i freddi invernali, per risentire il gusto della libertà che nasce dagli abbigliamenti essenziali. Per abbronzarsi, anche. È il periodo in cui risorge a dolce vita l'onorata e inestinguibile specie dei lucertoloni, quelli per i quali la più benefica occupazione offerta dalla facoltà è in fondo l'"insolamento", inteso come esposizione al sole, sperata anticamera dell'abbronzatura, da conquistarsi su una panchina, il viso rivolto con la giusta angolazione verso il sole. È precisamente in quei giorni che la cultura che circola tra le lezioni e i libri sembra fuoriuscire dalle finestre aperte delle aule e fare tutt'uno con il ripetersi meraviglioso della natura. Magari incanta solo te, perché infinitamente più numerosi sono stati i tuoi incontri con le stagioni che tornano, e perché in fondo quella fusione tra cultura e natura è misura, soggettiva assai, del tuo lavoro.

Quando poi nella seconda metà di luglio tutto si svuota, quando ricevi i laureandi che scoprono giusto in quei giorni che devono laurearsi in autunno (domanda: "Ma ce la fa?"; risposta fissa: "*Devo* farcela"), nell'ora che porta al tramonto ancora serotino, il cortile si fa riflesso della tua vita. Guardi i ciottoli, alzi lo sguardo verso le rondini, e fai i conti. Sono passati più di quarant'anni da quando hai iniziato a farci esami ("Dai, fai 28"), hai visto i furori rivoluzionari, la Pantera e gli entusiasmi civili, anche le speranze leghiste, la prima vera campagna elettorale realizzata con i social (quella di Pisapia), sei passato dai classici della sociologia economica alla mafia e alla 'ndrangheta, hai conosciuto, insegnato e voluto bene a generazioni di studenti, tre volte ci sei venuto, che è il numero perfetto, e in quel cortile senza un albero sta, a pensarci, la parte più bella della tua vita adulta, poiché i drammi accaddero quando eri altrove. Dura ogni volta qualche secondo, il ripasso. Vorresti fermarti di più, ti dici che ci sarà una sera in cui ti fermerai un'ora quasi in raccoglimento, perché i ricordi accumulati in compagnia di quei ciottoli valgono la pena. Perché gli ultimi raggi di sole che fiammeggiano splendidi sulla parte alta di Santa Maria della Passione ti parlano, chissà perché, del cielo e del mare. Ma quella sera ancora non è arrivata.

Naturalmente capisco l'obiezione. Perché ci racconti di questo cortile e basta, perché non ci narri qualche altro particolare di quel bellissimo palazzo in cui nacque un giorno la tua facoltà? Perché non ci descrivi le volte e le scale, i banchi e i soffitti, che pur di generazioni ne hanno viste, misurandone ardori e pigrizie? Il fatto è che per quanto mi eserciti a pensare e a osservare mi verrebbe difficile parlare con trasporto di qualche altro luogo, fatto salvo forse il giardino laterale, di cui già ho detto e nel quale però non mi capita quasi mai di passare. Direi anzi che il mondo di studio e di lavoro che per due o tre piani dà sul cortile non sia esattamente un'ode alla bellezza. Non c'è un'aula che vi possa onestamente decantare. Non la sala lauree, cupa e monasteriale. Non l'aula 6, la più grande, buia e tetragona anch'essa, e senz'anima. Non le aule ricavate dai recenti innalzamenti o allargamenti. Non lo scalone nobile seicentesco, alla destra dell'atrio, che si favoleggia maestoso ed elegante ma che nessuno ha mai potuto vedere, essendovi vietato l'ingresso. Le aule più belle, dotate di volte e di stucchi, e talora luminose, sono comunque prive di solennità per causa non loro ma dell'irrompere dei ragli delle moto che rombano impunite in via Mascagni, a dimostrazione inconfutabile che l'acustica è premessa dell'estetica. L'incontro con l'ascensore che conduce al dipartimento di scienze sociali e politiche ha poi qualcosa di traumatico. Ogni volta che lo chiamate senza che si accenda nemmeno la spia rossa, e nella lunga attesa fate scorrere lo sguardo sui muri macchiati e sbiaditi, provate un senso di sconfitta morale. Che si accentua quando l'ascensore arriva e aprendosi mostra sul pavimento qualche abusivo pezzo di carta, che sapete già che resterà lì tutto il giorno; a volte anche due, perché la pulizia costa e l'educazione pure.

Dice: e perché non lo togli tu? Lo faccio, tranquilli, faccio anche questo. Una volta che dei pezzi di carta sono ristati sulle scale per tre giorni, alla fine li ho tolti io, lavorando un po' di mani un po' di piedi. Anche se il meglio di me stesso in quest'arte avventurata lo do quando arrivano gli ospiti esterni. Allora mi sento l'intrepido patriota di Scienze politiche in lotta con un nemico invisibile e impalpabile. Non mi piace infatti accogliere gli ospiti per invitarli a contemplare, infilando le solite geremiadi sull'assenza di fondi o sulle carenze di organico, come sia conciata l'università pubblica.

Per quanto posso, la difendo. Così preferisco rimediare in proprio. Anche con le pulizie. Un sabato mattina che aspettavamo al corso di specializzazione in Scenari internazionali un esponente di Europol, mi accorsi con raccapriccio che l'ingresso di via del Conservatorio, l'unico aperto, dava su un tappeto di mozziconi di sigarette e di fazzolettini usati, su cui spiccavano drappelli di pacchetti vuoti: riempivano l'atrio e andavano oltre, verso i ciottoli, eredità di qualche assembramento del pomeriggio precedente. Mi chiesi disperato come fosse possibile; avrei saputo poi che il sabato, poiché bisogna risparmiare, il servizio di pulizia non era previsto. Realizzai in un secondo che l'immagine internazionale della facoltà sarebbe stata sfregiata da quello spettacolo, hai voglia poi, tu, a fare i convegni europei e a scrivere in inglese. Era un'autentica schifezza. Nel giro di un quarto d'ora raccolsi con le mie manine tutti i mozziconi, tutte le carte e, non senza imbarazzo, tutti i fazzoletti usati, gettandoli in sequenza nel cestino dei rifiuti. Quando l'ospite arrivò trovò un'accoglienza civile, per fortuna. Nemmeno il più brillante ufficio stampa sarebbe riuscito a rimediare a quello sconcio. Qualcosa del genere, anche se meno igienicamente audace, dovetti fare un giorno in vista dell'imminente arrivo del presidente del senato. La seconda autorità dello Stato, infatti, era già destinata a imbattersi nell'ascensore di cui ho detto, ma accoglierla in un'aula la cui porta cigolava come nei migliori film di Dracula era davvero troppo. Riuscii a fare arrivare l'olio per i cardini appena dieci minuti prima del solenne ingresso di ufficiali e dignitari. Non riuscii invece a rimediare, e fui patriota a mani nude, quando presentammo il primo numero della "Rivista di Studi e Ricerche sulla Criminalità Organizzata" a metà luglio, di fronte a ospiti insigni che volemmo onorare con un piccolo catering (scelto col bando, sissignori, il bando pubblico anche per cinquecento euro...), per scoprire drammaticamente che in quell'aula di rappresentanza, nel giorno più afoso della storia della civiltà padana, l'aria condizionata proprio non funzionava. Il tecnico? "Lo stiamo aspettando da giorni," fu la serafica risposta.

Eppure sbagliereste a immaginare che il sottoscritto abbia a questo punto mollato i pappafichi e stia cedendo alla tentazione insopprimibile del mugugno. Perché io voglio qui fare esattamente l'opposto. Voglio cioè cantare la forza superiore della cultura e dell'amore per il lavoro. Ma avete mai visto quelle scuole elementari grigie e cadenti che paiono carceri, più che luoghi in cui trasmettere la gioia dello studio a creature innocenti? E le vedete poi quando a Natale fioriscono magicamente di stelle, di luci, di disegni alle finestre, trasformate in luoghi di felicità dalla passione delle maestre e dal loro amore per i propri bambini? Ecco, non pensate allora più alla bellezza straordinaria di quelle maestre e di quei bambini che alla bruttezza dell'edificio? Anche qui occorrerebbe farlo. Perché le cose di cui stiamo parlando e parleremo non avvengono avendo alle spalle investimenti milionari, né paesaggi oxfordiani che spingano alla speculazione filosofica o consentano di abbinare "etica ed estetica". Accadono piuttosto in luoghi in cui puoi trovare tutti i computer bloccati per giorni, il bar allagato e cosparso di segatura, o prenderti un'insolazione mentre lavori nel tuo studio-abbaino senza tenda da mesi (il tecnico, la gara…).

Già, il mio studio. Non lo cambierei con nessun altro, piccolo e invaso com'è, dal pavimento al soffitto, da tesi di laurea che conservo gelosamente e con amore. Ognuna di esse è un volto. Copertine color blu elettrico o bianco, verde mare o fucsia, rosa o giallo; rido di gusto quando mi chiedono "Di che colore deve essere la tesi?", e indico per risposta gli scaffali. Alle pareti campeggiano manifesti di gioventù e i poster delle varie edizioni della Summer School. E poi c'è l'incalcolabile patrimonio morale che rende unici quei metri quadri: il ricordo vivo dei tanti laureati e delle tante laureate che ci sono passati ogni settimana. Anche loro facendo la fila in piedi, o magari stando seduti a terra appoggiati al muro, anche a decine, perché spazi e sedie non ci sono, anche loro trovando tutto naturale e solo aspirando a un giudizio positivo sul capitolo portatomi una o due settimane prima. Un giorno un ospite che aveva con me qualche confidenza venne a trovarmi e mi chiese con stupore perché mi avessero messo in una specie di sgabuzzino. Io, il patriota di Scienze politiche, mi offesi davvero. Perché per me quello studio è il più bello del mondo:

con le sue scatolette di antichi confetti di laurea, gli oggettini ricevuti in regalo (il piccolo girasole, il temperamatite a forma di mappamondo, il segnalibro a elefante...), lo scaffale con il pallone di cuoio bianco firmato dai miei "macachi" (così li chiamavo) dopo l'università itinerante dell'Asinara, di cui parlerò più avanti; o la vetrinetta con il modellino della Humboldt di Berlino, manifesti ricevuti nelle scuole; perfino lo scontrino gentile di un caffè che mi offrì anni fa una studentessa, Arianna, mossa a compassione dai quarti d'ora di coda che mi attendevano alla cassa del bar. E in un angolo di scrivania i fogli delle firme raccolte alla prima lezione nei corsi di ogni anno, per non dimenticare mai i nomi; e decine di altre cose che raccontano piccoli o grandi pezzi di vita. Da cui non riesco davvero a separarmi.

Credo che proprio questa sia in fondo la forza misteriosa, l'energia sublime di Scienze politiche. Perché l'amore per il sapere, la passione dello studio insieme, l'interesse per le cose del mondo surclassano qui le cento ragioni di precarietà, rovesciano gli schemi causa-effetto più classicamente invocati. Quante volte l'abbiamo sentito chiedere, in forma retorica? "Come volete che venga voglia di studiare in quegli ambienti? Come si può chiedere a qualcuno di lavorare con entusiasmo quando non gli si danno condizioni logistiche decenti?" E invece no. Qui tutto si ribalta. Tutto è "come se". Sgabuzzini adibiti a stanze di professori? Corridoi addobbati a luoghi di studio? Spazi comuni da grande depressione? Non importa. Il dipartimento, dicono le valutazioni dell'apposita Agenzia nazionale, è il primo d'Italia. Che bello poterlo raccontare. Qui vive lo slancio delle elementari di montagna, spira il coraggio delle università di massa e, in generale, della bistrattata scuola italiana; energia che si sprigiona di continuo dall'interno della nostra storia culturale. Millenaria, capace di trascendere i regni e la materia. Di far sì che le ansie scientifiche, civili, anche quelle di cui stiamo parlando, travolgano le accidiose trincee del *non possumus*. Forse lo spirito e lo slancio antimafioso dei miei studenti sono irruenti e vitali anche per questo. Perché tutto è stato ascoltato, studiato, sedimentato, sognato, discusso, costruito, senza un'unghia di lusso, senza mai camminare sui tappeti rossi. I movimenti controcorrente, d'altronde, non sono mai andati in carrozza. Quella, nelle mie prime memorie cinematografiche, spettava nel *Gattopardo* al principe di Salina.

MESTIERE DI PROF

Quello del professore è un mestiere unico. Sembra sceso dal paradiso. Mestiere colto, delicato, avventuroso, creativo. Dolce e guerriero. Scrigno di memorie senza fine e annuncio senza fine di futuro. Che indica le notti e le aurore dei tempi. Che chiede incessantemente di camminare, talora di volare. Ma consapevole pure che difendere la tradizione può essere sfida intellettuale d'avanguardia, e rincorrere l'innovazione può essere cialtroneria sciagurata. Fare il professore è accoglienza, esercizio senza fine di responsabilità, orgoglio di libertà personale ma anche immersione incondizionata nella vita sociale.

Mi sono fatto nel tempo l'idea che non esista e non possa esistere una scuola dove si impari a insegnare. Perché insegnare richiede doti che nessuna istituzione formale può conferirti e poi riconoscerti con una stretta di mano e un diploma. Sono doti che ti possono venire instillate o almeno fatte desiderare da una serie di maestri che incontri per strada, i famosi esempi dai quali devi sapere rubare i segreti della passione e dell'ingegno. Doti che ti vengono da persone incrociate per caso o da letture illuminanti, da traumi della vita o da culture respirate nei tornanti della gioventù. Oppure dall'educazione familiare, che non ti voleva insegnante ma magari ti ha trasmesso per altra via il bagaglio necessario per entrare nel ruolo quasi con naturalezza.

Ogni tanto me lo sono chiesto. La passione, da dove mi è venuta la passione che nessun diploma avrebbe potuto darmi? Io lo so. Questo senz'altro lo so. Dall'avere visto mio padre andare sempre in prima fila, o davanti alla prima fila, con entusiasmo, da quel suo verbo "credere" che riteneva, lo disse in un'intervista, la più grande e indispensabile premessa per essere buon ufficiale dei carabinieri. Oppure da quello tsunami intellettuale e mentale in cui finii senza merito a diciotto anni, quel ciclone generazionale per il quale nella vita tutto era impegno e anzi la vita era degna di essere vissuta solo se impegnata al servizio degli altri. E l'accoglienza, quell'idea che al ricevimento studenti, file di ore dietro la porta, ci sono giovani ai quali devi prima di tutto un sorriso, da dove mi viene? Anche questo lo so con certezza. Mi viene dalla gentilezza di mia madre, che a nessuno avrebbe negato un sorriso. Sicché io mai potrei negarlo a un ragazzo venuto a chiedere un consiglio sulle sue fatiche o di accompagnarlo per un tratto della sua vita ("Vorrei fare con lei la tesi di laurea") o anche di ascoltarlo e aiutarlo su sue vicende personali. Oppure mi viene dalla voce tonante di padre David Maria Turoldo, che conobbi e amai nel suo ultimo tragitto di vita e che all'accoglienza e ai suoi doni dedicò le proprie poesie di profeta.

E l'amore per la chiarezza, per la semplicità espressiva, che predico senza sosta ai miei ricercatori e allievi, il fastidio per la corsa a pavoneggiarsi di parole o a nascondere i propri vuoti intellettuali dentro le espressioni misteriche e gli idiomi inglesi, quello, da dove mi viene? Certo da qualche ordine mentale imparato dalle persone a me intorno; da mio nonno materno, per esempio, che amava la geometria. Certo dalla consuetudine contratta nell'infanzia con la vita militare, che ha linguaggio secco e conciso. O dal desiderio di fare buona ed efficace propaganda nella militanza politica. Ma soprattutto da un episodio che rappresentò un passaggio irreversibile nella mia vita accademica. Avevo scritto un articolo sui rapporti tra Sessantotto e terrorismo. Ne ero molto orgoglioso, perché per decine di pagine mi cimentavo a un certo livello concettuale con questioni regolarmente eluse dai leader della grande contestazione. L'articolo uscì nel 1981 su "il Mulino". Dato il prestigio della rivista, ne portai subito una copia a mio padre, che allora abitava a Milano. Quando gli chiesi un giudizio la risposta fu affettuosamente sferzante: "Ma se faccio fatica a capirlo io, che guido la lotta al terrorismo e ho due lauree, per chi scrivi?" Fu la madre di tutte le lezioni.

Ecco, voglio dire che non si può insegnare, non si può entrare in relazione con la vita altrui se non si è saputo entrare in relazione con la propria. Perché è nella *propria* vita che vanno trovati i segreti dell'insegnamento. A partire dalla quantità di volte che vorremmo avere visto affrontare un problema o esercitare un ruolo con responsabilità. O da quelle volte, in genere la minoranza, in cui abbiamo visto qualcuno, un medico, un pubblico impiegato, un giudice, farsi carico di un nostro diritto con senso di responsabilità. Magari a rischio della propria vita. Non minore di quello di cui abbiamo beneficiato deve essere il nostro senso di responsabilità verso gli altri. Il destino ci affida il futuro di giovani vite, e noi possiamo incidere con un nonnulla su questo o quell'aspetto del loro corso. Un comportamento, una parola, un gesto, un libro. Provo di nuovo a ripescare nelle mie memorie. La professoressa di matematica delle medie e la sua storiella delle "undici pi": "Prima pensa poi parla, perché parola poco pensata può portare pregiudizio." Altro che le scuole di diplomazia. O il professore di greco al liceo prima di congedarci per la pausa estiva: non vi assegno nessun compito delle vacanze, ma non chiudete mai una giornata se non avete letto qualcosa, le pagine di un libro o anche un articolo di giornale, l'importante è leggere, non vivere come gli animali. O il professore di Storia economica all'università: i libri vanno riletti ogni dieci anni perché ci troverete dentro sempre cose nuove.

Tutto rimane di quel che viene detto o non detto dall'altra parte della cattedra, anche se i protagonisti lo dimenticano in un batter d'ali. Per questo dico anche che la voglia di apparire "giovani" non attraverso l'esercizio faticoso della mente (e del fisico, come vedremo con l'università itinerante) ma attraverso l'uso gratuito in aula della parola poco accostumata non è cosa indolore. Ma diventa legittimazione del turpiloquio che mina pensiero e linguaggio.

È uno dei punti che mi sta più a cuore. Confesso infatti di avvertire in modo particolare la responsabilità di essere davanti ai giovani una espressione, la più semplice, la più immediata, dello Stato. Insegni in una università pubblica, in una università che si chiama "statale", e non puoi dimenticarlo mai. Devi rappresentare, senza cercare alibi, lo Stato come piacerebbe a te. Accogliente, si è detto. Ma anche trasparente. Cosciente dei suoi doveri. Rigoroso con se stesso, anzitutto. Con la "S" maiuscola, come l'ho sempre scritto per educazione, anche da contestatore, al punto che per questo il mio primo libro venne sbeffeggiato in sede di recensione su "l'Ora" di Palermo. La questione è di sentire l'ampiezza della sfida con la mafia. Che obbliga non solo a produrre conoscenza e poi ancora conoscenza. Ma anche a contribuire a rendere forte e credibile lo Stato in nome del quale la mafia stessa deve essere combattuta. È un compito che mette davanti a una serie di invisibili doveri: l'impegno ad ascoltare, a comprendere, a non penalizzare gratuitamente; anche a ridurre infinitesimamente, nel complesso rapporto con gli studenti, gli effetti delle diseguaglianze sociali. O che sollecita alcune scelte non compiacenti. Ad esempio il rifiuto di fare sostenere gli esami a chi d'estate si presenti con i pantaloni corti (studenti) o con abbigliamenti succinti (studentesse). Credo che in quei casi il prestigio delle istituzioni debba essere difeso di istinto. E penso pure che faccia parte integrante del processo di apprendimento ricevere il senso esatto delle differenze dei contesti e delle realtà possibili. Un mattino di luglio mi trovai davanti S., uno dei miei studenti migliori, in bermuda. Gli ricordai che non era al Barracuda di Portofino (chissà come mi venne in mente quel confronto, visto che non vado mai a Portofino) ma a un esame ufficiale in un luogo dello Stato. Mi obiettò che per mettersi i pantaloni lunghi sarebbe dovuto tornare fino a Lecco. Gli risposi con gentilezza di non preoccuparsi, che lo avrei atteso fino a sera. Si ripresentò e prese 30 e lode, senza subire alcuna penalizzazione. L'importante era che avesse capito. Capì e fece la tesi con me (le organizzazioni mafiose in provincia di Lecco), con ottimi risultati. Un altro studente, in altra occasione, dopo ore di riluttanza si andò a comprare un paio di jeans ai saldi, fece un buon esame, e anche lui capì: i nuovi jeans sarebbero stati il ricordo di quel piccolo, istruttivo passaggio di vita universitaria.

Lo stesso rigore cerco di applicare alla disciplina e all'impegno d'aula. Per un insuperabile patto reciproco, che scrivo però unilateralmente. È in suo nome che non accetto il chiacchiericcio (la peggiore maledizione che possa capitare in un corso è il nullafacente che viene a lezione per corteggiare una ragazza). E nemmeno la pratica degli sms. Io, dico a me stesso, non leggo lezioni già fatte, non proietto meccanicamente decine di slide, a volte spiego due ore spremendo l'impossibile da una sola schermata, scruto continuamente l'aula e l'espressione e gli occhi in ogni fila per adeguare ritmi e parole e aneddoti. Do il massimo di me stesso. E facendo fatica al servizio degli studenti pretendo di essere rispettato. In fondo, dico sempre a me stesso, recito a soggetto, come e più che un attore di teatro. E in teatro si sta religiosamente zitti per il giusto rispetto verso chi è impegnato a cavare senso e forza dalle sue parole. Parole che non devono "solo", come in teatro, colpire e far pensare. Ma devono *insegnare*. Al di là delle evidenti diversità, lo studente non sta cioè assistendo a uno stanco rito. Ma a una creazione che si svolge per lui. Pensata ogni volta in base a quel che egli può capire sulla base delle sue conoscenze. Fra l'altro non amo deprecare che "i ragazzi di oggi non sanno nulla di storia". Parto semmai dall'idea che, se questo è vero, non devo dare nulla per scontato. Che se cito Crispi devo ricordare in dieci secondi chi era, poi andranno loro a vedere; che parlando di qualcuno o qualcosa devo usare un aggettivo o un avverbio in grado di suscitare in loro la curiosità di saperne di più (un dirigente "leggendario" delle lotte contadine; un "grande magistrato"; un libro che "mi ha insegnato molto"...). Sarebbe compatibile tutto questo con un'aula inquieta o anche minimamente bisbigliante? Non essendo io una macchina, ne risentirei, spiego; e gli studenti avrebbero un insegnamento di qualità inferiore.

Ma poi c'è un'altra, più profonda, ragione che sta alla radice di questo mio atteggiamento. Mi sono persuaso nel tempo che la mafia è forte anche perché la società che dovrebbe combatterla si trova spesso priva delle "infrastrutture culturali" necessarie per farlo. Come la ricchezza del linguaggio o il valore della fatica. Chi non l'ha mai combattuta sul serio obietterà che la mafia ha paura dei mandati di cattura, non certo della ricchezza del linguaggio. Ma sono, appunto, discorsi da principianti o da osservatori vacui. Le infrastrutture culturali, invece, contano eccome, così come contano per l'economia quelle tecnologiche o di servizi. Ebbene, tra queste infrastrutture essenziali c'è proprio la capacità di ascolto. Potrei mai produrre un nuovo segmento di classe dirigente se lo formassi all'idea che la capacità di ascolto sia, anziché ricchezza civile, anziché condizione di profondità intellettuale, pretesa vessatoria? L'insegnamento è cosa complessa. L'insegnamento orientato a costruire valori civili è cosa ancora più complessa.

Non credo ad esempio che il professore debba ispirarsi alla cosiddetta "indifferenza valutativa". Credo che sia suo dovere trattare gli studenti in modo ogni volta *diverso*, in base alle loro storie, condizioni, attitudini. E perciò sempre con disponibilità e propensione a intuire, a capire, anche da piccoli particolari, con quale personalità o psicologia o storia di vita è chiamato a interagire. Non per rompere riservatezze o pudori, ma piuttosto per percepire con prontezza ogni messaggio che gli venga, anche involontariamente, trasmesso. Esiste un lungo dibattito su quale sia la "vera" professionalità di un prof. Ho sentito spesso affermare che essa consista nel sapere lucidamente svolgere la propria funzione docente. La più alta preparazione possibile, questo sarebbe il servizio che egli deve assicurare. Perché non può trasformarsi di volta in volta nel genitore, nel confessore, nello psicanalista. Quelli sono altri ruoli, altri mestieri, che non gli spettano. Se i ruoli si confondono anche la società si confonde, e non ce n'è davvero alcun bisogno. Non solo. Se il professore svolge funzioni di supplenza verso quei ruoli finisce per favorirne la deresponsabilizzazione. Insomma: deve rimanere distaccato sul piano emotivo dai suoi studenti, deve essere portatore di neutralità affettiva, garanzia della sua imparzialità ed espressione più alta della sua professionalità.

Bene, rispetto questi ragionamenti. Ne colgo anche gli elementi logici. Ma non ne condivido praticamente niente. Spesso i ruoli parentali sono *già* deresponsabilizzati. Anzi, spesso è proprio da lì che si semina nello studente cinismo o sfiducia o arroganza, come ben sanno tanti insegnanti della scuola dell'obbligo (e non solo). Il fatto è che una grande preparazione può essere materia pregiata sul mercato del sapere, ma se è priva di passione umana, civile, è destinata a risultare del tutto sterile sul piano educativo. Solo la passione accende l'attenzione verso chi ti ascolta. E costruisce una reciprocità di rapporti. Quando alla fine degli anni novanta guidai una commissione di indagine della camera dei deputati sull'abbandono scolastico, visitai, tra le altre, una scuola media dei Quartieri spagnoli di Napoli. Si chiamava Pasquale Scura. Un'esperienza indimenticabile. Fu in quell'occasione che decisi di mandare per sempre a quel paese le teorie che ho su riassunto. Se l'obiettivo degli insegnanti non è quello di fare belle lezioni ma di *insegnare* (ossia lasciare un segno del loro passaggio), essi si devono "mischiare" con le vite dei propri studenti, devono saperne conoscere aspirazioni e problemi, riconoscerne i talenti, trovare le strade per stimolarli a fare sempre meglio, dar loro il piacere dei propri successi. Questa era la professionalità (altissima) di quegli insegnanti che riuscivano a tenere dentro la scuola i figli di famiglie e di quartieri che alla cultura preferivano spesso le fortune veloci e arrischiate.

Quegli insegnanti *volevano bene* ai propri alunni. Questo era il loro segreto. Volere bene come componente irrinunciabile della professionalità. Ecco il punto. Sapere che stai incontrando delle vite che guardano alla tua, in genere senza alcun tuo merito. Che ognuna di esse ha una sua breve storia, una sua particolarità. È quella vita, per riprendere lo schema di un famoso sociologo dell'organizzazione, Charles Perrow, che costituisce la "materia" prima a cui applicherai le tue "tecnologie" (le forme del tuo insegnare); e che, diversamente dalle materie inerti, non risponderà sempre allo stesso modo a tecnologie uguali, come fanno invece i pezzi di metallo in una catena di montaggio. La tua "efficienza" dipenderà dunque proprio dalla tua capacità di cambiare tecnologia a seconda della materia. A materia diversa, tecnologia diversa. Ma questo ti obbligherà a conoscere (nei limiti del possibile) e poi a sapere considerare ogni volta la qualità della materia. A guardarla con la stessa attenzione che puoi avere per te o per chi ti è caro. Il compito del professore non è dunque l'osservanza della neutralità affettiva. Ma quello, ben più difficile, di combinare la propensione affettiva con lo spirito di imparzialità.

Ebbi un giorno una studentessa brillante e sensibile. Si chiamava Giulia. Aveva alle spalle esperienze familiari complicate, in cui finivano per avere un certo peso gli Anni di piombo. Giulia aveva per me rispetto e credo anche affetto, ricambiato. Ma sentendomi parlare a lezione dello Stato una sera volle scrivermi una lettera. Vale la pena riprenderne alcuni passi. Diceva così:

> Insomma, quello che davvero mi tormenta è questo paradosso che sta alla base di tutto: la mafia che combatte, che si sostituisce allo Stato, non esisterebbe senza questo nostro stato, marcio fino in fondo. [...] Ho sentito troppo spesso dire che l'unico mezzo per combattere la criminalità sarebbe quello di far capire alle persone che è giusto stare dalla parte dello Stato, mentre stare dalla parte dei criminali sarebbe sempre, almeno alla lunga, perdente. A parole sono perfettamente d'accordo, ci mancherebbe. Ma nei fatti cambia tutto. Mi sembra più che ovvio che in questo quadro è lo Stato che è perdente, è la gente onesta che è perdente. Non la mafia, non l'illegalità. Si vada dai ragazzi della mia età di Scampia, e si chieda loro il perché delle loro scelte. Si chieda: Perché non sei dalla parte della legalità, dello Stato? Perché tua madre non va a lavare le scale per un euro all'ora invece che appoggiare le attività criminali?

Leggevo e capivo sempre di più la difficoltà del mio compito. Continuava Giulia:

> Allora io rigiro la domanda: ma perché dovrei passare dalla parte dello Stato? Cosa fa per me, cosa mi offre? Quali garanzie concrete mi dà? Ricordiamocelo: questa gente è stata totalmente abbandonata da questo nostro Stato. Non solo: è ancora questo Stato che dopo aver dato loro l'etichetta, che tra le altre cose difficilmente si stacca, di perdenti ed emarginati, li abbandona. [...] Rabbrividisco, questo sì che lo ritengo un crimine imperdonabile.

La prosa di Giulia fluiva serrata:

Ma allora, sono io che ho un'idea di Stato che non esiste più? Forse sono io che penso ad uno Stato che debba essere per forza di cose *super partes* e che incarna senza se e senza ma la giustizia? Forse nel mondo di oggi uno Stato così come lo vorrei io non è più possibile? Non saprei.
Faccio questi discorsi io, che non ritengo di essere cresciuta nel culto dello Stato, ma sono cresciuta sicuramente nel culto di ciò che è giusto, e dunque nel valore fondamentale della giustizia, con la quale ci si dovrebbe schierare senza esitazioni, quale che sia il costo che si debba pagare. Vedo e so di tanta gente che si è schierata dalla parte del giusto e di questa scelta ha fatto la sua battaglia: ma proprio per questo deve combattere contro difficoltà immense, senza l'aiuto dello Stato e spesso addirittura contro di esso. Ma come è possibile?

E infine la chiusura:

È davvero mortificante avere la consapevolezza di vivere in un paese dove bisognerebbe ricominciare tutto da capo, altro che trovare strumenti nuovi ed efficaci per il nostro apparato giudiziario. Ci dovrebbero, e ci avrebbero dovuto spiegare fin dalle elementari come si costruisce e come si vive in un paese civile. Devo essere sincera, non mi piace per niente pensare così, mi procura un grande senso di malessere e me ne vergogno. Mi dà ovviamente speranza e fiducia il sapere che le minoranze dei senza potere possono ottenere tanto, tantissimo, anche vittorie memorabili, ma non posso e non voglio credere che ci si debba accontentare solo di questo.

Ho conservato questa lettera. Per me costituisce un documento, una domanda di giustizia in cui gli interrogativi diventano graffio doloroso. L'ho depurata di qualche veloce valutazione sui processi di terrorismo. Ma conteneva un intero pensiero. Anzi, c'era di sicuro qualcosa di non detto per rispetto verso di me, con cui dovevo fare i conti. Giulia aveva voluto scrivere a me, alla mia storia, che conosceva, o aveva voluto scrivere a uno Stato immaginario? Fatto sta che mi mandava un messaggio: il mio sforzo doveva misurarsi non solo con le complessità richieste dall'analisi del fenomeno mafioso, ma anche con la percezione che ogni studente aveva elaborato nella sua esperienza di vita di quella parola che evocavo con tanta frequenza: Stato; parola che anche Giulia, e volli immaginare che questo fosse un mio successo, aveva ripetutamente scritto con la "S" maiuscola.

Lo Stato, la giustizia... Quante volte, anche in virtù di ciò che insegno, sono chiamato a fare i conti con questi concetti. E in quanti modi. Qualche anno dopo mi ha costretto a pensarci un'altra Giulia. Che un mattino, dopo poche lezioni del corso di Sociologia della criminalità organizzata, mi chiese di potere portare all'esame un programma personalizzato. Interamente sulla 'ndrangheta. "Mi interessa molto," mi disse. Le risposi di sì e lo concordammo. Quando non ci pensavo più, durante un viaggio di volontari verso Palermo mi disse sulla nave come si chiamava: "Non è un bel cognome," chiosò scherzando. In effetti era un noto cognome di 'ndrangheta. Ci risi anch'io pensando alla classica (e talora imbarazzante) omonimia. Quando di nuovo non ci pensavo più, si presentò all'esame: "Ricorda? Avevamo concordato un programma tutto sulla 'ndrangheta." Solo a quel punto associai il cognome alla insolita richiesta.

Una volta seduta, Giulia mi raccontò di provenire proprio dal paese calabrese famoso per quel clan di 'ndrangheta. Non lei direttamente ma la sua famiglia. Mi raccontò anche di esserci andata al mare da ragazza durante le estati, e che aveva cercato di parlare con i suoi coetanei, di discutere le ragioni del loro atteggiamento, poiché proprio non lo capiva. "Non mi andava," mi spiegò, "di usare quel paese solo per avere il mare bello; non volevo consumare, volevo capire." L'esame di Giulia fu tra i più belli e i più maturi che abbia mai fatto, avrei parlato con lei altre due ore. Al momento di dare il voto notai che sulla carta di identità il suo cognome era un altro: quello che richiamava il clan era preceduto da un cognome che sembrava venire da tutt'altra regione. Le chiesi come mai. "È il cognome di mia madre," mi rispose. Non aggiunto, come si usa, ma anteposto. Era quello che avevo intuito e glielo dissi. Non volli chiederle di più. Mi fermai. Pensai solo al peso dei cognomi, delle etichette, alla complessità delle storie che mi arrivano davanti e ai concetti pesanti che le mettono alla prova.

Gli stessi che mi hanno discretamente ma continuamente interrogato nel caso di G. (metto solo l'iniziale anche se so che gli farebbe probabilmente piacere trovare il suo nome per esteso). G. ha frequentato, da detenuto in permesso, il mio corso di Sociologia e metodi di educazione alla legalità. Un po' più adulto dei compagni, mi aveva comunicato subito la sua particolare posizione, che condivideva con un altro studente (inciso: avere due detenuti in un corso di educazione alla legalità è una gratificazione immensa, giuro). Doveva avere parlato di sé anche con gli altri studenti e con le due ricercatrici che presenziavano alle lezioni, perché ogni tanto qualche informazione più privata su di lui mi arrivava, io in questi casi non chiedo mai niente.

Durante il corso, soprattutto nei passaggi riferiti alla condizione carceraria e al teatro in carcere, G. mi aveva più volte dato la sensazione di voler prendere la parola, di voler discutere in aula della sua situazione. Ma di averne anche pudore. Alla fine aveva vinto il silenzio. Il giorno dell'esame G. si sedette davanti a me parlando a voce bassissima, tanto che, per quanti sforzi facessi, non riuscivo a sentire tutte le parole. Voleva raccontarsi, finalmente, ma non voleva che gli altri sentissero. Mi disse gli anni di pena che stava scontando: tantissimi, trattandosi di reati commessi da minorenne. Non poteva che avere commesso *quel* tipo di reato. Me lo confermò. "Sono impazzito, ho commesso tre reati in una settimana." Era difficile non cogliere a sprazzi il peso persistente di quel passato. Forse mai sopito, duro, e che G. cercava – con l'aula, con i libri, con i compagni, forse anche con me – di ricacciare indietro o di superare. Negli occhi, nella voce. G. aveva seguito con fatica tutto il corso. Aveva studiato bene i libri, sapeva gli appunti delle lezioni. Ci pensai. Decisi di dargli 30, per spingerlo a continuare. La reazione fu imprevedibile. G. si alzò felice, poi si chinò verso di me e mi baciò sulla guancia sinistra. Mi disse, al settimo cielo: "Mio padre è un suo fan. Sarà felice stasera quando glielo dirò." Pensò dunque subito al padre, che gli era stato vicino. Qualche settimana dopo, conclusa una università itinerante, andai in facoltà il 12 agosto. C'era il deserto. Nel cortile più grande, il primo, c'era solo una persona. Era G. Mi salutò con calore. Mi fece vedere la foto del suo esame, noi due a tu per tu, che evidentemente aveva fatto scattare da qualcuno a mia insaputa. "Mio padre ne è orgogliosissimo," mi disse. Gli chiesi che cosa facesse lì in quella solitudine e lui mi rispose che stava studiando in biblioteca. "Quando posso, questa è la mia casa."

Ecco, dopo questi esempi sarà probabilmente più chiaro perché la mia "tecnologia", per tornare alla teoria di Perrow, deve variare in relazione alla materia prima a cui si applica. E deve essere guidata da una sensibilità in grado di produrre la *giusta differenza* nei metodi, in *tutti* i metodi, compresi quelli di valutazione. In fondo il compito del professore rimane uno solo: dare a quella materia prima, attraverso il suo lavoro, il maggiore valore aggiunto possibile. Senonché questo concetto, "valore aggiunto", è grande, e contiene tante cose. Un patrimonio di conoscenze organizzate, questo va da sé. Un senso dello Stato, per tornare alla lettera di Giulia. Ma anche, ad esempio, la voglia di continuare a studiare nella vita. E lo stabilirsi di una felice intesa, non di una memoria punitiva, con la dimensione dello studiare, dell'imparare. Perché è anche questo che aumenta il capitale sociale di un paese. Poi, però, vi è anche un senso di giustizia perequativa di cui l'istituzione universitaria deve sapersi con discrezione fare carico. Nel senso che deve apparire allo studente come capace di riconoscere il valore dei suoi sforzi.

Un pomeriggio si presentò agli esami una studentessa. Era un misto difficilmente afferrabile di modestia e di timidezza. Il livello della prestazione non era certo brillante. Ma ascoltandola capii che c'era qualcosa di faticoso, anzi, di "faticato", nella sua preparazione. Al termine mi spiegò, senza alcuna forma di vittimismo, che faceva tre lavori al giorno: prima dell'alba mungeva le mucche, al mattino andava a fare la cameriera in un motel in provincia di Lecco, poi veniva a Milano a lavorare in una sala scommesse. Fui più generoso, non troppo; ma quanto serviva a gratificarla dello sforzo compiuto, a invogliarla a continuare. E infatti nonostante i tre lavori non abbandonò l'università. E un giorno si presentò al ricevimento studenti chiedendomi di potersi laureare con me. Lo fece. E la sua proclamazione a "dottoressa" fu uno dei più grandi regali ricevuti nella mia carriera di prof.

Una gioia un po' più amara provai quando si laureò S., uno studente di una città della Brianza che aveva una grande passione, direi una passione da combattimento, per lo studio della criminalità organizzata. S. sapeva tutto della 'ndrangheta nella sua città, ma visibilmente gli mancavano le basi teoriche per inquadrarla. Per quanti consigli gli dessi, mancava il colpo d'ala. Cercando di capirne le ragioni, vidi che non aveva frequentato il corso. Gli chiesi come mai. La sua risposta fu una timida frustata che mi riportò con i piedi per terra. "Il suo corso era al terzo trimestre," mi disse, "e avevo finito i soldi per il treno. Sarei dovuto venire solo per lei." Andai a vedere su Trenitalia. Andata e ritorno costavano tre euro. Per tre giorni erano nove euro. Per dieci settimane erano novanta euro. Anche con l'abbonamento erano comunque cinquanta. I soldi del treno, non ci avevo mai pensato. S. si laureò bene. Ma se avesse avuto quei novanta euro in più la sua tesi sarebbe stata sicuramente più bella.

Come si sarà capito, una delle cose più formative (e irrinunciabili) della facoltà in cui insegno è proprio la straordinaria varietà delle condizioni e storie studentesche. Tante sono le cameriere nei bar e nei ristoranti, le commesse, le cassiere, le educatrici in contesti di emarginazione. E tanti sono anche i commessi, gli istruttori sportivi, i magazzinieri, i precari del cosiddetto terzo settore.

Alcune storie degli allievi che ho avuto la fortuna di incontrare sono raccontate più avanti. E spiegano con la moltitudine delle riflessioni che evocano come il sapere uscire da una sfera di impersonalità possa aiutare ad arricchire (altro che sminuire...) la propria "professionalità". E tuttavia, devo qui aggiungere, questo non mi impedisce di dare sistematicamente del lei ai miei studenti e ai miei ricercatori, anche a quelli a cui sono più legato. Vedo che ciò provoca un qualche stupore in chi conosce i rapporti di affetto che stabilisco con molti di loro. Eppure è la condizione perché il nostro scambio umano e anche scientifico avvenga nella consapevolezza di una chiara distinzione di ruoli. Possa essere più limpido. Il "lei" non usato come barriera ma come ponte ben disegnato verso le loro storie e i loro nomi, straripanti di Martina e Mattia, Ilaria e Marco, Sara e Alessandro e Federica. I nomi... Conoscerli, pronunciarli, ricordarli serve a dare agli studenti una identità che mi completa e mi parla, anche quando hanno ormai preso la loro strada e ne perdo i contatti, con trecento all'anno purtroppo succede spesso. I loro nomi scandiscono gli anni, danno al tempo un valore particolare. Non evocano solo se stessi, ma fanno rivivere contesti, esperienze, momenti irripetibili.

Ed è qui che giunge un'altra delle grandi, incalcolabili fortune del mestiere di professore: il rapporto con la memoria sociale, il rapporto con il tempo. Una delle maggiori fonti di frustrazione per chi ha alle spalle decenni di attività lavorativa, per chi è prossimo alla pensione, è infatti di non ricordare più bene da un certo punto in poi la fisionomia degli anni. Troppo lunghi sono i periodi che si succedono pressoché uguali; quelli in cui il flusso della vita tende a farsi uniforme e ripetitivo alla memoria esattamente quanto è scandito di scoperte ed emozioni continue nell'adolescenza. Per questo si dice che da un certo punto in poi la vita prende la rincorsa e vola via. Ecco, ai professori non capita. La loro memoria pullula di visi, quasi sempre gioiosi. Possiedono una folla inestimabile di ricordi collegati con certi momenti, certe discussioni appassionate, magari con quel corso introdotto in quell'anno. E vorresti ricordare esattamente il nome di ciascuno dei protagonisti, perché proprio non ce la fai a tenerli tutti a mente. Ogni tanto spunta in aula o in istituto un cognome che appartiene a un tuo lontano passato. Ma ha un altro viso. È il figlio o la figlia di un tuo allievo. E in quei momenti, anziché sconfortarti per il tempo che passa inesorabile e spietato, pensi alla sorte meravigliosa che hai avuto di contribuire a "formare" madre e figlio, padre e figlia. E a chi altro capita?

A volte incontri, senza saperlo, i figli di altre persone che hanno avuto o hanno un qualche rapporto con la tua stessa vita. E non è davvero come incontrarli casualmente in un viaggio. Perché qui, prima di saperlo e senza immaginarlo, insegni loro, dici loro cose forse importanti proprio per quel rapporto. E solo dopo che ti si sono affidati vieni a sapere. Un pomeriggio di primavera vidi in aula, alla prima giornata di un laboratorio, un giovane atletico, maglietta a maniche corte, che prendeva nota di tutto quello che dicevo. Non perse un incontro, pur venendo da Codogno. Si chiamava Marco. L'ultimo pomeriggio mi spiegò che era un maresciallo dei carabinieri. Era visibile che avesse una qualche deferenza per il mio cognome. Lo ritrovai al corso di base, di nuovo attento e preparatissimo. Alla fine mi chiese la tesi di laurea magistrale. La fece sulla storia dei carabinieri contro la mafia, con la fatica che gli derivava dall'essere passato nel frattempo a un reparto investigativo. Solo una volta terminata la tesi mi confidò una cosa. Anche suo padre era stato maresciallo dei carabinieri. Di più: era stato alle dipendenze di mio padre all'antiterrorismo. Ancora di più:

come nome di battaglia un colonnello gli aveva imposto quello di "Nandino", in omaggio "al signor generale". Rimasi senza parole, tutto quello che gli avevo detto era confluito all'interno di questa sconosciuta storia familiare. Ma volete altrettanto che non abbia avuto come studente, per saperlo solo alla fine, anche il figlio o la figlia di un compagno di battaglie politiche o di speranze studentesche, di amici scomparsi nella memoria? In quei casi, attraverso le parole emozionate di un ventenne, la memoria è semplicemente un lampo che illumina un mestiere, un ruolo. Che anche per questo, come mi capita di dire, "sembra sceso dal paradiso".

Reciprocamente, ed ecco l'altra inestimabile ricchezza, il prof rimane nella memoria dei suoi studenti. È una esperienza unica, senza confronti possibili. Lo studente mantiene infatti notoriamente verso il suo professore un atteggiamento di rispetto. Che è anche rispetto e affetto verso la propria giovinezza. Con il passare dei decenni semini studenti ovunque. E tutti te lo ricordano, "Lei è stato il mio professore." Detto in una località turistica, dal posto accanto su un aereo, a una cena, nell'aeroporto di una città straniera. Chi famoso amministratore delegato, chi sindaco di grande città, chi insigne professore, chi giornalista, insegnante o anche felice casalinga. "Lei è stato il mio professore." Sei parole messe in fila a sprigionare la potenza della vita. Che ti danno l'illusione assurda di avere contribuito a quei successi, a quelle felicità. A dieci o quarant'anni di distanza, non importa. La giovane signora che ti sorride per strada e che riconosci mentre tiene la figlia per mano e le spiega contenta: lo vedi? Il signore è stato il professore di mamma. L'importanza che leggi di avere negli occhi spalancati della bambina ha qualcosa di inebriante: "professore di mamma". O il colonnello della guardia di finanza che incontri in una ricognizione su un bene confiscato e che ti rivela a un certo punto, tra un giudice e un collega: lei è stato il mio professore di Sociologia alla Bocconi. I destini che si incontrano. Conficcarsi nella memoria di generazioni, come ingrediente della loro giovinezza, dell'età dell'amore e dell'utopia. Un tesoro che nessun ladro o truffatore può portarti via. Patrimonio di compagnia e di nostalgia. Riassunto non solo della tua vita, ma di piccole parti preziose di migliaia e migliaia di vite. Chi insegna finisce per essere un pezzo di storia sociale. Soprattutto le maestre elementari, che amministrano la grande magia dell'infanzia. Per questo a volte mi sorprendo a pensare che sarebbe giusto istituire nei comuni una festa speciale: quella delle maestre e dei maestri che vanno in pensione. Festa di tutta la città, saluto riconoscente alla propria storia.

TESI DI LAUREA

Difendo le tesi di laurea. Credo nelle tesi di laurea. Siano resi loro onore e lode in eterno. Sono il luogo della fatica che si fa idea. Palestra, ginnasio per l'intelligenza e la maturità dello studente. Lì si vede come egli sa fare ricerca, come sa organizzare il suo pensiero. E anche come sa scrivere, che è parte essenziale del suo valore culturale. Per me fu così. Ho studiato in una università esigente e dalle cento attrattive, in un periodo storico di ardimenti intellettuali. Ma nulla come la tesi di laurea mi obbligò a pensare in proprio, a scandagliare letterature maggiori e minori, a intagliare appunti, a fissare e anche a elaborare concetti, a costruire teoria. Una passione mai provata neanche per gli esami più belli, fossero Politica economica, Storia economica o Sociologia. Fu allora che imparai a studiare e lavorare di notte, sino all'alba, facendomi compagnia con la musica; mentre il mio cocker, Bambù si chiamava, quando capì le nuove abitudini, prese a sua volta a farmi compagnia addormentandosi sul mio piede (e costringendomi all'immobilità per non svegliarlo; ma questo fa parte di un'altra irripetibile storia di coppia).

Devo dire che con amarezza sono andato registrando nel

tempo quasi un fastidio accademico verso questo fondamentale passaggio degli studi universitari. Un fastidio che si è concentrato ossessivamente sulle tesi triennali, ritenute "inutili" e "scopiazzate" per definizione quando questo in realtà dipende da come esse vengono seguite e dagli stimoli che si danno ai laureandi. Io vedo invece quanto studenti insicuri o dotati di patrimoni culturali modesti possano crescere durante le tesi; possano, se sospinti e incoraggiati (e magari opportunamente strapazzati), elaborare anche schemi teorici originali, imparare a sistematizzare quel che sanno, passare dai riassunti ai concetti. E più volte ho seguito tesi, anche triennali, di ottimo livello in cui ho dovuto imporre io di non superare le cento pagine, e i cui autori o autrici ho poi proposto come apprezzati relatori anche in convegni internazionali.

Da qui d'altronde è nata la serata annuale, di cui già ho raccontato, della Meglio Gioventù. Dalla convinzione di avere tra le mani materiale di ricerca fresco (sulla provincia di Lecco o sulla Francia, sulle frodi informatiche o sullo smaltimento dei rifiuti elettronici in Africa) di cui poco o nulla si sa e che è bene che venga messo in circolo al più presto. Per rendere alle tesi il giusto riconoscimento pubblico. Perché, come ho già detto, gli studenti universitari non solo "imparano", ma producono nuova conoscenza. Nozione ben chiara (anche se da loro mai ammessa) ai baroni di una volta, che li facevano lavorare e frugare in biblioteca precisamente sulle cose su cui essi stavano scrivendo o avrebbero poi scritto. Naturalmente non tutte le tesi sono capolavori. Ma posso qui testimoniare in coscienza che, tranne una decina di casi in cui non sono proprio riuscito a cavare nulla di più e di diverso da ciò che già sapevo, nelle altre centinaia di tesi presentate nelle diverse materie che insegno ho sempre imparato qualcosa in più, fosse pure un episodio particolare o un filone di bibliografia minore.

Insomma, penso che questa fatica vada rispettata, quando c'è (e non è davvero difficile intuirla). Soprattutto quando viene compiuta senza avere alle spalle un genitore che consiglia, o una libreria ben fornita in casa; o addirittura dovendo nel frattempo lavorare in un negozio o sfacchinare in una pizzeria. Per il resto la parola d'ordine è "rigore". Sarebbe diseducativo essere indulgenti con il laureando per partito preso, magari proprio con l'alibi della svalutazione delle tesi. Allo studente bisogna chiedere, da lui bisogna pretendere. È anzi importante insegnargli che non si deve accontentare di quel che trova in rete, spiegargli che quelli che lui chiama "approfondimenti" sono spesso scopiazzature, che non deve avere paura della propria immaginazione, che il linguaggio deve essere preciso, che il vocabolario va controllato (e non solo usando internet), e la punteggiatura pure. Che non si narra il passato mettendo i verbi al futuro come fanno i giornalisti. Chissà quando avrà un'altra possibilità così per imparare a scrivere. O non siamo nella società della comunicazione? Non vorrà proprio lui, laureato in Scienze politiche, ossia in scienze della *polis*, che è sin dai tempi dell'*agorà* greca interazione e comunicazione, conformarsi al piattume imperante?

Quando si parla di mafia, poi, la questione della scrittura si fa ancora più urgente.

E questo non è davvero un passaggio secondario, ma esige qualche riga aggiuntiva. Chi è convinto che la mafia sia invincibile pensa infatti che scrivere di mafia possa essere moralmente giusto ma perfettamente inutile. E in modo più o meno simile pensa chi è convinto che la si possa pur vincere, ma solo in virtù di una vigorosa e sistematica azione repressiva e giudiziaria. E forse perfino chi crede nella prevenzione sociale, nell'educazione, nella diffusione delle idee, non coglie sino in fondo quale patrimonio possa rappresentare la scrittura nella lotta contro la mafia. Basta rifletterci. Il romanzo civile, il giornalismo d'inchiesta. Ma anche la relazione sobria e dirompente di una commissione parlamentare. O la legge chiara e incisiva che non lascia spazio ai cavilli complici. Oppure il tema d'italiano capace di fare scandalo nella scuola sonnacchiosa della profonda provincia.

Ma scrivere di mafia ha spesso un valore ancora più alto. Perché in certi contesti può diventare urgenza esistenziale assai più che elemento di una trama culturale e istituzionale collettiva. Può essere cioè l'ultima o l'unica risorsa per rompere le omertà che schiacciano. Per raccontare una realtà, anche locale, che altri vogliono fortissimamente occultare. Per chiedere giustizia laddove, per consuetudine e regola di potere, si ritiene che la giustizia sia cosa da regno dei cieli. Per difendere la memoria di una vittima che la mafia o i suoi alleati vogliono rendere più leggera. Scrivere diventa cioè l'arma prima, assoluta, della libertà. Consente di fuoriuscire dall'urlo strozzato; di far vacillare chi non ha mai immaginato che questa antichissima forma della comunicazione possa avere ragione, anche solo per poco tempo, dei soldi, delle armi, degli appoggi complici. E meglio se è scrittura bella, efficace. Perché solo la combinazione di verità e forma letteraria solleva la denuncia fino al cielo e spezza l'oblio.

I forti, gli avversari, invertono sistematicamente il vero e il falso. Perciò la scrittura, strumento un giorno usato, al massimo, per comunicare tra amici o per tenere un diario o per conquistare un giovanissimo amore, diventa improvvisamente il perno insostituibile della sfida più alta. E quando la vinci, e ottieni che la memoria si fissi, che moltitudini leggano e sappiano, e fai duello a parole (perché se inizi non puoi smettere, la storia la fa chi scrive per ultimo...), allora rivedi come per incanto passaggi di vita dimenticati. E riappare il maestro severo. La professoressa esigente, pignola, che insisteva sulle differenze tra questa e quella parola, che ti ossessionava con l'esattezza sintattica, con la precisione dei rimandi logici. Riappare, ecco il punto, la tesi di laurea che ha insegnato nella giovinezza a ordinare la mente e scrivere con precisione di cose difficili.

Sono dunque queste le ragioni più alte delle tesi di laurea, come potrebbe ben spiegarci un don Milani redivivo ("Ogni parola in meno che sapete sono cento calci nel sedere in più che prenderete dal vostro padrone"). Ma poi ce ne sono altre assolutamente marginali che vorrei lo stesso richiamare. Perché i critici non lo sanno, ma sta fiorendo un nuovo genere letterario minore – passionale, fantasioso, rivelatore – che sono i ringraziamenti dei laureandi. Che vita ho avuto? Chi mi ha portato fin qui? Così sembrano chiedersi gli studenti quando arrivano al traguardo, riservando spesso a sé un capitolo a parte, i "Ringraziamenti" appunto, regolarmente inserito nell'indice e nel quale finiscono vite e amori d'avventura, desideri e amicizie, perfino cani e gatti. Per chi voglia capire storia e personalità del laureando, ma più in generale per chi voglia capire gli umori profondi delle nuove generazioni, queste note sono confessioni preziose. Colpisce ad esempio il ricordo frequente e tenero dei nonni, con accenti di amore e gratitudine impensabili in questi "giovani d'oggi". Ai nonni, vivi o non più, vengono talora dedicate le stesse tesi. A volte emerge il rimpianto che non possano esserci anche loro a festeggiare i successi imminenti del nipote. Si coglie anche la riconoscenza per l'appoggio morale ricevuto, magari per avere alleggerito il trauma di un divorzio dei genitori. Emergono interi paesaggi sociali. Si leggano ad esempio questi passi dei "Ringraziamenti" di Raffaele, mio laureato (triennale) in Gestione e comunicazione di impresa del 2016, e che ha frequentato anche Sociologia della criminalità organizzata.

> Mi piace spesso ricordare con un sorriso quello che talvolta mia nonna mi dice quando vado a trovarla a Frattamaggiore, cittadina a nord di Napoli. Mi prende le mani, me le osserva e in dialetto mi dice: "Raffaele, meglio che studi!", alludendo al fatto che non sarei per niente portato a svolgere lavori manuali, quelli cioè che hanno sempre caratterizzato la famiglia. Il nonno Saverio, panettiere, ha imparato infatti a leggere e scrivere durante il servizio di leva per poter rimanere in contatto con la sua amata Maria, con la quale ha cresciuto mia mamma e altri cinque figli, mentre il nonno Raffaele faceva il custode di un campo da tennis a Telese Terme ed era il marito di Carmela, entrambi scomparsi prematuramente e "pazzi" per il loro primo nipote, in cui riponevano parecchie speranze. Quanto ai genitori, mamma Angela, seria e intelligente con la passione per la matematica, per far fronte alle necessità di casa a nove anni è stata costretta ad abbandonare la scuola per lavorare in un piccolo stabilimento tessile, mentre mio padre Domenico trascorreva le giornate sulla terra rossa dei campi da tennis e a diciotto anni ha deciso di emigrare al Nord in cerca di fortuna, stabilendosi a Cesano Maderno assunto dalla

Snia Viscosa. Grazie ad alcuni amici in comune si sono conosciuti, innamorati e sposati nel 1992, trasferendosi definitivamente a Cesano.

A questo punto della narrazione Raffaele rivendica e ringrazia:

> Non è l'inizio di una sceneggiatura, ma sono le mie radici, le mie umili origini che non dimenticherò mai. Alla mia famiglia va quindi il ringraziamento più grande, per avere cresciuto mio fratello Saverio e me con sani principi, valori e umiltà, che mescolati a un po' di sana ambizione hanno plasmato il ragazzo che sono e l'uomo che sarò. A loro sono grato per avermi sempre messo nelle condizioni di poter arrivare dove loro non hanno potuto grazie a immensi sacrifici.

Ed ecco il passaggio che più mi ha toccato:

> Per questo motivo non è solo la mia laurea, ma la laurea di *tutta la famiglia* (corsivo mio). Il primo dottore! Un orgoglio grande quanto il mio, che ho fortemente voluto questo risultato, galleggiando tra piaceri e doveri e lavorando duramente per contribuire a finanziarmi gli studi. Ho dovuto spesso sacrificare il mio tempo libero e la compagnia dei miei amici, a cui chiedo quindi scusa e che ringrazio per avermi sopportato: siamo nati insieme, siamo cresciuti insieme, stiamo diventando uomini insieme.

Segue un lungo elenco di "fantastici compagni di corso", tra cui compaiono gli immancabili Matteo e Mattia, Vanessa e Camilla.

Ma Raffaele, nipote e figlio di campani, è qualcosa di più che studio e lavoro:

> Da ormai cinque anni, la mia vita è condita da un gruppetto di ragazzini che adoro guidare sui campi di calcio con la maglia dell'asd Equipe 2000, tenendo insieme la sfrenata passione per il pallone con la vocazione educativa e di servizio. Quei ragazzini sono per me fonte di ispirazione e motivazione. Tra una partita e l'altra ho conosciuto Giuseppe, a cui è dedicato questo lavoro. Un secondo padre e un esempio da seguire, che mi ha lasciato dopo aver lottato come un leone contro la malattia nel mezzo del mio cammino accademico. Mi manca da impazzire e sono sicuro che da lassù sia orgoglioso di me.

Altre volte i ringraziamenti sono meno elaborati. Ma possiedono lo stesso una ingenua forza rivelatrice, come quelli di Giulia (anche lei laureata triennale in Gestione e comunicazione di impresa) ai propri genitori, meritevoli di avere reso "meraviglioso questo viaggio ormai giunto al termine":

> Ringrazio i miei genitori, le due persone più importanti nella mia vita, che hanno sempre creduto in me. Grazie per avermi sempre incoraggiata o per avermi consolata con una parola di conforto o con un semplice abbraccio nel momento del bisogno. Grazie per tutto l'affetto che mi dimostrate ogni giorno, senza di voi tutto questo non sarebbe stato possibile. Vi voglio un mondo di bene.

O quelli più impegnati di Chiara, studentessa calabrese, Sociologia della criminalità organizzata:

Restare per cambiare, cambiare per restare. Così dicono i giovani che hanno deciso di restare in Calabria. Ed è grazie a loro che qualcosa inizia a muoversi e a cambiare in meglio. È anche a loro che dedico la mia tesi, con la speranza di poter presto ritornare a farne parte.

Alcuni miei colleghi (non tutti) avversano questa nuova letteratura minore. Con le sue banalità abbasserebbe la dignità delle tesi. A me sembra invece che possa consegnare loro un valore più alto. Non perché annunci talenti inespressi, questo è evidente. Ma perché dà sapore ogni volta diverso a parole come amicizia, famiglia, fatica, speranza. Nel caso di Raffaele restituisce poi anche il profumo di grandi parole costituzionali: uguaglianza, istruzione, promozione sociale. Confermando l'importanza di questo rito di passaggio nelle vite degli studenti. E riproponendo la questione da cui siamo partiti: perché tanta smania di disconoscere alle tesi solennità e valore formativo?

Il guaio, e questa è l'altra e dolorosa faccia del problema, è che a fare a pezzi la solennità concorrono gli studenti stessi con le loro proprie famiglie. Non so se accada ovunque nella stessa misura. Credo che il fenomeno in sé non sia esclusivo di Scienze politiche di Milano. Certo è tipico della mia facoltà il modo in cui si verifica. Un modo che per onestà intellettuale, proprio mentre si decantano le meraviglie di questa facoltà, va pur raccontato. Anche se offende, anche se fa male. E a me in primo luogo, come si capirà.

Succede dunque che da qualche anno le giornate di discussione delle tesi e di proclamazione dei laureati diventino un appuntamento fisso con uno spirito maligno, quasi un anti-*genius loci* che si impadronisce abusivamente di laureandi e laureande, dei loro amici e delle loro famiglie. E che con il suo arrivo rumoroso e ribaldo mette in discussione in poche ore tutto il senso del cammino compiuto (il "meraviglioso viaggio" di cui sopra). Lasciando sul campo le sue macerie. Vi fu un tempo in cui le famiglie giungevano trepidanti all'appuntamento, vi sono ancora foto alle pareti di qualche aula a testimoniarlo. La figlia o il figlio (o nipote) si laureava. Giungevano da lontano nonni con visi contadini. Bambini irrequieti si sedevano vestiti con qualche infantile eleganza in prima fila "per vedere", subito redarguiti dagli adulti se alzavano un po' la voce. C'era solo il fotografo autorizzato a scattare foto. E a lui si aggiungeva qualche sporadico conoscente o familiare degli interessati munito di macchina fotografica. Gli amici entravano in gruppo o solitari e dalla loro numerosità era possibile arguire la popolarità del candidato. E festeggiavano com'è giusto al momento della proclamazione, in proporzione al punteggio ottenuto. I momenti più commoventi erano quelli dell'abbraccio successivo con i genitori, con i nonni o con il fidanzato o fidanzata. Quelli ancora più commoventi nascevano dall'abbraccio del laureato papà o della laureata mamma con i propri figli, amorevole suggello di fatiche e rinunce. Ebbene, di quei tempi resta solo qualche fattezza.

Oggi la tesi è un'occasione per mandare in scena collettivamente il peggio di sé (la propria parte *oscena*). Gruppi di amici arrivano a Scienze politiche da ogni dove per celebrare il rito vandalico. Non sanno nulla della facoltà, del lavoro che vi si svolge, magari nemmeno della tesi fatta dall'amico. L'importante è il rito, il nuovo rito. Giungono dunque muniti di vino, spumante e pasticcini, con cui festeggiare la laurea nel cortile della facoltà. C'è chi arriva con fischietti, corni da ultrà e petardi. Prima ancora che avvenga la proclamazione, quasi sempre già alla fine della discussione, si levano urla da stadio. Se il presidente richiama al rispetto del luogo e del momento, la maggior parte si zittisce, non si sa mai che ne risenta il candidato nella valutazione finale; ma accade anche che egli, il presidente, venga contestato con mormorii da parte delle truppe sconosciute e talora dagli stessi familiari. E che al momento della proclamazione i fescennini gli vengano restituiti con gli interessi. Poi tutti escono, si scatenano. Non solo per le tradizionali foto di gruppo. Non per brindare con bicchieri discreti da riporre poi in un sacchetto. Ma per stappare champagne fino a inondarne il cortile (il bellissimo cortile...). Uno, due, tre, dieci, venti, quaranta, settanta laureati, a stappare. Uno dopo l'altro, ciascuno con intorno decine di persone venute da fuori solo e apposta per celebrare il rito villano. Vino che scorre per terra, e non per sbaglio. E coriandoli per terra tra i ciottoli, e stelle filanti.

Il laureato o la laureata si fanno ritrarre con quella corona di alloro in testa, riemersa a noi da chiassosi evi goliardici, affare per i venditori e certificazione estetica nel pubblico e poi nel traffico cittadino dell'avvenuta "promozione sociale". Nelle aule si continuano a discutere le tesi. Qualcuna in inglese, perché questo esige il progresso, non è più l'Italia di una volta. Si parla di cose elevate, si propongono citazioni preziose, mentre fuori bande sconosciute mescolate a qualche studente intonano la canzone che attesta l'avvenuto ingresso nelle élite culturali del paese. E che per questo è giusto riproporre qui per intero: "Dottore, dottore, dottore del buco del cul, vaffancul, vaffancul, vaffancul!" Il canto agognato risuona a ripetizione, più e più volte per ciascun laureato. Centinaia di volte al giorno, uscendo dalla facoltà e diffondendosi verso le strade intorno, a confermare ai passanti la superiorità del luogo. Lo sentono e lo risentono i bambini della scuola di fronte, dieci metri dal portone di via della Passione, lesti a imparare che ciò che viene ora loro proibito di dire in casa potranno dirlo e urlarlo in pubblico da grandi mandando in visibilio i genitori. Dagli scapaccioni agli altari. Nel frattempo esplodono i petardi da curva e suonano i fischietti e gracidano le trombette fra genitori soddisfatti e divertiti, "si sa come sono i giovani". Si rompono "per disattenzione" i vetri delle bottiglie. Volano anche uova. Si sbriciolano casse di polistirolo. Chi fino a due minuti prima ha discusso la tesi in inglese o dispensato le citazioni preziose si butta anch'egli meccanicamente a replicare le stesse scene, in una manifestazione impressionante di bipolarità collettiva. Anzi, è una gara a chi inventa la cosa più pazzesca, per divertirsi di più, per brillare in simpatia. C'è chi fa la grigliata in cortile (genitori sempre in brodo di giuggiole, "che vogliamo, è una giornata di festa"). Un giorno uno studente portò una piscina gonfiabile, la gonfiò, la riempì di vino, si spogliò e ci fece il bagno dentro. Applausi, risate.

Alla fine, quando arriva la sera, la facoltà di Scienze politiche, esattamente quella che vi ho decantato io, esattamente nel cortile di cui vi ho qui narrato, è ridotta a una latrina. La latrina di Milano. Perché nessuna di quelle persone che l'hanno insozzata durante il giorno si azzarderebbe a fare una cosa del genere sulla pubblica via, non si dice a casa sua. A Scienze politiche sì, lì si può. Una sera d'inverno, quando i baccanali erano finiti, lasciai in ritardo la mia stanza. Era già risuonato lo sgarbato borbottio meccanico che avverte quando la facoltà sta chiudendo. Appena uscito in cortile vidi nel buio come un fagotto per terra. Si muoveva leggermente, mandando fiochi lamenti. Mi avvicinai. Era una commessa, la signora Anna. Era scivolata su una pozza di vino. Aveva sbattuto sui ciottoli. Non riusciva a chiedere aiuto e neanche ad alzarsi. La aiutai a tirarsi su e chiamai i soccorsi. Se non fossi uscito in ritardo sarebbe rimasta lì dentro tutta la notte.

Voi vi chiederete come tutto questo sia possibile. Ve lo spiego in breve. Un po' di eccessi ci sono sempre stati. Ma fisiologici, diciamo. Poi un giorno la ministra Gelmini ha abolito le facoltà, dando soddisfazione alla genia dei modernisti "dissalati" (ovvero senza sale in zucca): quelli che "ormai solo i dipartimenti", le facoltà sono un residuo antico, frutto di una visione gerarchica dell'università. È stato un automatismo perfetto: niente facoltà, nessun preside di facoltà. E, giustamente, nessuna autorità, nessun centro di comando perché non bisogna avere una visione gerarchica dell'università. Di conseguenza nessuno ha il potere di decidere per tutti. E nessuno si sente in dovere di prendere decisioni impopolari. Così si è assistito al degrado galoppante, che si è nutrito a sua volta del diffuso fastidio per le tesi triennali. Anche qui l'automatismo è stato perfetto: a che servono mai 'ste tesi? Cinque minuti di discussione e via. Da qui numeri sempre più alti di laureandi triennali concentrati in una stessa seduta di laurea, addirittura venticinque in un pomeriggio. Solo che le tesi di laurea si fanno in contemporanea in più aule. Insomma, metti una progressiva concentrazione umana in cortile, una sempre minore solennità della discussione delle tesi, ed ecco che il cortile diventa il *vero* luogo delle tesi. La sala lauree diventa solo una frettolosa premessa del *totalmente altro*. Direte: ma tu hai assistito a questo sconcio in silenzio? No, abbiamo disperatamente cercato, con un po' di docenti, di aprire un confronto interno, di sollevare il problema del decoro dell'università di Stato, che andrebbe gelosamente presidiato specie nel giorno in cui essa rilascia il titolo che dà senso alla sua esistenza. Si sono fatte comparazioni con altri atenei, dove nemmeno si sognano di compiere queste indecenze. Si sono indicati i rimedi usati, in altre parti di Italia, in sedi interessate da problemi analoghi: accessi e portoni controllati, ispezioni degli zaini, limitazione degli inviti per ciascun laureando, vigilantes ecc. Tutti rimedi di emergenza per problemi di emergenza, fondati sulla consapevolezza che a volte l'affermazione di un modus vivendi civile richiede l'esercizio (contemporaneo) di ragione e di forza. Fatto che gli studiosi di cose sociali sanno bene. Solo che questi studiosi, voi lo sapete altrettanto bene, rifuggono per indole dal ricorso alla forza. Abbiamo "ben altri" problemi. E poi siamo pur sempre in un'università, luogo nei secoli vietato alle polizie di ogni ordine e grado. Appunto, siamo pur sempre un'università. Non una latrina. Sommando progressismo imbelle e benaltrismo, è finita nel modo più mortificante per tutti: le tesi di laurea triennali non si discutono più. Altro automatismo: via le tesi, via i fescennini. In cambio del decoro parzialmente ritrovato, addio emozioni, addio orgogli, niente più soddisfazione di sostenere un pubblico colloquio sulle proprie fatiche, addio famiglie che assistono. Solo la comunicazione di un punteggio alle segreterie. Che io, per non alzare bandiera bianca, mando comunque testardamente dopo avere fatto un colloquio finale nella mia stanza, per capire meglio, per misurare meglio, per gratificare, dando anche la possibilità di assistere per una, due persone.

Ma poi: sono davvero spariti i fescennini? No, perché resta pur sempre la giornata della proclamazione. Della proclamazione di *tutti* i dottori insieme. E allora Scienze politiche diventa campo di battaglia, luogo di nessuno, zona rossa da cui tutti si defilano perché "si sa, tanto è una giornata così ogni quattro mesi". Di più: restano in ogni caso le discussioni delle tesi magistrali, nelle quali l'innalzamento del livello accademico non scongiura il baccanale. Inutile dire che io alle proclamazioni non ci vado. Non ci riesco. Ai miei laureati che se ne dispiacciono spiego sinceramente le ragioni: voglio ricordarli, anche per i nostri futuri possibili rapporti, come sempre li ho visti. In aula, nei convegni, al ricevimento studenti. Rispettosi, intelligenti, creativi. Non voglio mescolare i loro lineamenti, a cui mi sono affezionato, con la goliardia risorta nell'era della conoscenza o con l'arrembaggio tanghero al luogo che mi è caro.

Qualcuno potrà eccepire che queste siano fisime da moralista o da accademico impettito. E allora per farlo ricredere racconterò un episodio delizioso di cui sono stato testimone a Bologna, una sera di marzo del 2015. Erano i giorni in cui si tiene, all'inizio di primavera, in una città sempre diversa, la manifestazione nazionale di Libera contro le mafie e per la memoria delle loro vittime. Mi capitò di cenare quella volta sotto un tendone vicino alla stazione, in piazza XX Settembre. Al tavolo accanto vidi un gruppo di ragazzi che con bibite analcoliche brindavano a Libera. Erano i ragazzi dell'area penale di Trapani, impegnati in attività di reinserimento e accompagnati dal loro assistente sociale Salvatore Inguì, capelli e barba riccioluti, una specie di Nettuno giovane. Era stato, quello per Bologna, il primo viaggio in aereo della loro vita. Praticamente passato, mi dissero poi, a rimirare le fattezze posteriori delle hostess. Mi interessava conoscerli e così uscimmo dal tendone mettendoci a cerchio in piedi. Incominciarono a raccontarmi le loro storie, uno di loro mi stava più esattamente spiegando la prima rapina, compiuta per comprare le medicine alla sorellina, quando verso le dieci di sera sopraggiunse da via Indipendenza un piccolo corteo. Era una pattuglia canora con al centro una giovanottina in minigonna, la fronte cinta dalla classica corona d'alloro. Intorno, davanti e dietro a lei ondeggiava in movimento il canto che dà un senso a un ventennio di studi. Intoniamolo, per nostra consapevolezza, ancora una volta: "Dottore, dottore, dottore del buco del cul, vaffancul, vaffancul, vaffancul!"

I ragazzi dell'area penale di Trapani, i cosiddetti "messi alla prova", si guardarono allibiti. Osservavano la scena con uno sguardo tra lo scettico e il disgustato. Essendo nuovi a quello spettacolo mi chiesero stupiti di che si trattasse. Risposi che i giovanotti stavano festeggiando una laurea. Il commento di uno di loro fu immediato, fulminante: "Minchia," disse, "ma se potevo studiare mica diventavo così scemo." Un altro gli andò a rimorchio: "E noi abbiamo dovuto vivere sulla strada..." Fu come se, davanti al canto osceno, avessero avvertito d'improvviso il peso delle diseguaglianze di classe. Lo trovai splendido e volli mandarlo a memoria: "Minchia, ma se potevo studiare mica diventavo così scemo." Un autentico trattato. Portai poi tre di quei ragazzi con il loro Nettuno a una lezione in aula, per Sociologia e metodi di educazione alla legalità. Si raccontarono ai miei studenti come mai avevano fatto, negli anni, nemmeno con Nettuno. Mi chiesero se "dalla Chiesa" fosse un soprannome. Mi chiesero il permesso di chiamarmi zio. Si lasciarono abbracciandosi con allieve e allievi.

Quando penso alle nostre tesi di laurea, penso irresistibilmente a loro. E di rimbalzo vedo un paese che non riesce mai a tirarsi fuori del tutto dai suoi costumi, che sembra progredire e poi di punto in bianco, proprio mentre celebra le sue conquiste, apre l'impermeabile e rivela la sua vera identità, vischiosa e dura da morire: la mancanza di rispetto per ciò che è pubblico, il primato del branco sul diritto, la confusione tra libertà e anarchia plebea, l'abdicazione invece della responsabilità.

E tuttavia... E tuttavia chiudere così questo capitolo proprio non mi va. Perché Scienze politiche è riuscita a esprimere qualcosa di buono anche di fronte all'offensiva vandalica, anche di fronte agli effetti delle scelte suicide e imbelli. Vi potrei parlare dei colleghi che, anche se privi di armi amministrative, cercano disperatamente e vanamente ogni volta di ricordare le ragioni del decoro e della cultura. Ma preferisco qui parlarvi dell'Antonietta, la milite ignota (viva, per fortuna!) dell'università italiana. Tenacemente in prima fila, senza che nessuno gliel'abbia mai ordinato, per tutelare il decoro e il prestigio della sua facoltà. È una storia surreale e bellissima. La signora Antonietta Vicario fa infatti la commessa in via del Conservatorio. E oltre a fronteggiare i soliti problemi di mancanza di personale e mezzi, a ogni sessione di laurea ingaggia da perfetta volontaria la sua battaglia: difende l'onore di Scienze politiche dalle truppe lanzichenecche venute a trasformare il cortile in bivacco. Quando risuonano le trombette a dieci metri dalle aule, quando i tappi dello champagne rotolano copiosi a terra, quando inizia sui ciottoli il puzzo del vino, lì interviene la signora Antonietta. Girando con il suo fisico minutissimo tra i capannelli, sente il bisogno, indifesa, di difendere il decoro della sua facoltà. Un tardo pomeriggio, mentre guardavamo insieme le macerie, mi disse: "Non ha idea delle parolacce e degli insulti che mi prendo. Sono 'vaffa' in continuazione. L'altro giorno gliel'ho detto: ma guardate che con questo chiasso potrebbero sospendere gli esami per colpa vostra. Ma vi piacerebbe se succedesse a voi? E allora un genitore mi ha detto con aria di disprezzo 'vada, vada', come se fossi la serva. Ho detto anche a una studentessa di avere più rispetto per il posto, che è di tutti. E lei mi ha risposto che finalmente lasciava questa facoltà di m..., che voleva bruciarla. E allora io le ho chiesto perché ci è voluta venire se è una facoltà di m... Ma le pare, i miei figli sono andati a lavorare a quindici anni, mai gli avrei permesso un atteggiamento così verso l'università." Accanto a lei annuiva discreto il collega Salvatore, a cui pure tocca in sorte di venire spesso insultato o dileggiato dai gruppi con licenza di devastazione.

Ma l'Antonietta non ha solo il coraggio che manca ad altri nel combattere lo scempio. Bisogna vederla mentre accompagna nelle aule le signore anziane, trovando per loro il posto in prima fila ("Penso a mia mamma," dice, e si commuove). Arrivata a Milano nel 1961 da Capri Leone, provincia di Messina, è convinta che questa facoltà in cui venne a lavorare nel 1994 meriti di essere rispettata. Forse anche perciò è benvoluta dagli studenti; "Ogni tanto mi toccano prima degli esami perché dicono che porto fortuna, il problema sono gli esterni e i genitori, e poi certi studenti che pretendono di fare quel che vogliono perché 'noi paghiamo le tasse, anzi, senza le nostre tasse lei non avrebbe lo stipendio', ha capito a che punto di ignoranza sono?"

Ora il consiglio di amministrazione dell'università ha deciso che chi sporca e disturba pagherà i danni. Ma chi individuerà mai i responsabili? Un vigilante, un bidello, un poliziotto, tutte figure per le quali scatta il veto "progressista e benaltrista"? E infatti, presa la decisione, un genitore ha subito sfidato l'Antonietta: mandi pure il conto.

È davvero una storia amara. Anche perché è così, pur se non lo si vorrà mai ammettere, che si formano in modo strisciante i contesti dell'inciviltà e dell'impunità. Così che si sperimentano sul campo. Come avvenne tanti decenni fa negli stadi di calcio. In un gioco di società, con una crassa risata collettiva. Perciò se voglio insegnare seriamente Sociologia della criminalità organizzata e ancor più Sociologia e metodi di educazione alla legalità in questa facoltà, non posso archiviare con animo leggero le piccole e "innocenti" scene che vi ho descritto. Nei sistemi sociali tutto si tiene. Non sono le barzellette "innocenti" sui neri o sugli ebrei a produrre le discriminazioni o le tragedie. Ma a volte le preparano. E a volte le spiegano. Perché, per riprendere il titolo di un laboratorio che ho inaugurato nel 2017, esiste sempre un rapporto tra l'etica pubblica e lo spirito dei tempi.

L'UNIVERSITÀ ITINERANTE

"E questa è la cella di Totò Riina." Era una mattina di fine luglio. L'ispettore superiore in pensione Gianmaria Deriu guidava la visita al carcere bunker di Cala d'Oliva all'Asinara. C'era chi arrivava intruppato fra turisti frettolosi e starnazzava: "Aho, anvedi la cella di Riina." C'era chi, come i diciotto giovani milanesi venuti con me, ascoltava e cercava ansiosamente il senso di ogni cosa. Lo spazio era di venti metri quadri circa, quanti nessun normale detenuto si sogna di averne per sé nelle carceri italiane. Un angolo bagno, un angolo cucina. "Sorvegliato a vista 24 ore su 24, ma non ci stava quasi mai, andava in giro per processi e arrivava qui in elicottero quando si fermavano le udienze. Insomma, per le feste comandate: Natale, Pasqua, l'estate." L'elicottero, raccontava l'ispettore, atterrava sul campo di calcio che sta sopra il bunker. Un inno ai sogni dell'infanzia, doveva essere. Oggi è una grande spianata in terra battuta che pare uscita da un racconto di Galeano: silenzio, sterpaglia ed escrementi di capra; il sostegno del palo di una porta che penzola per aria arrugginito, la porta del lato opposto meravigliosamente spalancata, dietro i pali, su tutte le tinte di azzurro. Cielo e mare, nient'altro. Muta poesia. Luogo di lontane sfide calcistiche tra detenuti delle diverse "diramazioni" dell'isola, per decenni autentica cittadella carceraria.

L'ispettore, la prosa ordinata e precisa, ci aveva lavorato trentatré anni. Nel bunker aveva visto Raffaele Cutolo, che vi si sposò ("era molto rispettoso"), e il capo della Cupola; aveva visto i capi brigatisti pronti "a fare di tutto un'arma" ("ma Franceschini si commosse a salutarmi"). I suoi racconti si intrecciavano con pezzi aspri e duri della storia d'Italia. I giovani, miei studenti e neolaureati, erano lì per un progetto di formazione-vacanza: fare le guide al bunker (gestito da Sardegna Solidale e da Libera) offrendo a centinaia di turisti quel che avevano imparato nei corsi universitari: le carceri speciali, il 416 bis, la Nuova camorra organizzata, le stragi del 1992 e il 41 bis; e naturalmente il maxiprocesso, con Falcone e Borsellino giunti all'Asinara nell'estate del 1985 a scrivere la celebre ordinanza di rinvio a giudizio. "Stavano lì, alle Case rosse, Falcone si portò una vagonata di faldoni. La sera veniva al bar nell'ora in cui non c'erano più detenuti al lavoro. Arrivava dopo mezzanotte per precauzione, si rilassava giocando un po' a biliardo. Il loro cibo veniva assaggiato prima."

Il bunker, certo, ma anche Fornelli, l'altro carcere di massima sicurezza dalla parte opposta dell'isola. Molto più grande: di qua i terroristi neri, di là i terroristi rossi, ma anche i boss di Cosa nostra, come Leoluca Bagarella, e poi quelli di 'ndrangheta, camorra o sacra corona unita. Oggi l'isola è parco naturale, paradiso terrestre. Le insenature mozzafiato, gli aironi, i mufloni, gli asini bianchi. Le pernici e i gabbiani corsi. Branchi di cinghiali che scendono fino a mare. Ed edifici abbandonati, le vecchie residenze delle guardie, le caserme, il mattatoio, i luoghi dei commerci dell'antica colonia di lavoro penale. Per i giovani era un viaggio nella storia, un impatto straordinario con le conoscenze acquisite in anni di studi e letture.

Ma l'impatto era onestamente straordinario anche per me, che ricordavo bene quegli anni. Scoprimmo ad esempio che all'Asinara la memoria del generale dalla Chiesa, a cui nel 1977 venne dato l'incarico di coordinare la sicurezza esterna delle carceri, è ancora vivissima. Le recinzioni, le astuzie per impedire rivolte o evasioni ("i terroristi arrivarono a scambiarsi esplosivo con i baci delle coppie ai colloqui"), la preferenza per le guardie sarde. "Ci diceva che i sardi sono meno corruttibili. Di certo siamo muti di natura. E in più parliamo tra di noi in dialetto. I terroristi erano convinti che parlassimo in codice. Un giorno uno di loro cercò di decodificare una frase detta da una guardia all'altra. Ancora oggi scoppio a ridere: le aveva detto in sardo di andare a trombare un cinghiale." Fine anni settanta, primi anni ottanta. Sangue e agguati, una guerra dichiarata da una parte sola, l'incubo di non uscirne mai più. Il carcere per rompere la catena degli ordini. L'isolamento per impedire ai terroristi la centralità mediatica di cui avevano bisogno. Era un po' come se tra le mura e i cancelli quel periodo di piombo tornasse d'incanto a materializzarsi.

Tutto questo aleggiava nei seminari che i giovani tenevano dopo cena, disposti a semicerchio sul sagrato della chiesa, ogni sera iniziando e finendo sempre più tardi. Colpa dei bagni al tramonto, degli aperitivi e dei piaceri della chiacchiera a tavola. Argomento: L'Italia civile dei don [felice titolo del "Fatto Quotidiano" dopo la morte di don Gallo]: da don Milani a don Ciotti. La legalità e la giustizia, il Vangelo e la Costituzione. Era come se in quelle ore notturne un altro pezzo della storia d'Italia si sovrapponesse a quello che arrivava dalla storia dell'isola.

Padre Puglisi e don Diana, l'ala militare dei corleonesi e i casalesi. Poi tutto si ricongiungeva

Una sera fummo invitati da un altro testimone di quei tempi, il sovrintendente Enrico Mereu. Alla fine di uno dei seminari, dopo mezzanotte. Ci sedemmo sotto un cannicciato a mare, deliziandoci di mirto fatto in casa. Mereu era ormai conosciuto come l'artista dell'isola, scultore in legno soprattutto. E titolare di un formidabile primato: era l'unico cittadino residente.

> Sono arrivato nel gennaio del 1980. Ho fatto la guardia in tredici carceri in tutta Italia. Venni mandato qui da Torino, perché ero nell'elenco delle guardie da uccidere stilato dai brigatisti. Dopo i miei colleghi Lo Russo e Cotugno, c'ero io. Nel 1983 venni inviato all'Ucciardone a Palermo come "testa di cuoio", agente antisommossa. Avevano ucciso da poco il generale dalla Chiesa e comandavano i boss. Il direttore ce lo aveva detto: lasciateli stare o ve la fanno pagare. Una volta venimmo anche rimproverati per avere eseguito sul serio un ordine di perquisizione nell'infermeria. Non sembrava nemmeno di essere in carcere. Tappeti preziosi, poltrone in pelle, frigorifero pieno di champagne delle marche più costose. "Ma siete matti, davvero avete fatto la perquisizione?" ci venne chiesto con tono di rimprovero. La sera entravano donne alte e formose, ce le facevano passare come "assistenti sociali". Io mi sono sempre sentito un artista, non ce l'avevo nel sangue questo mestiere, però mi domandavo lo stesso che senso avesse farlo in questo modo. Potete capire quindi che cos'ho provato quando ho visto arrivare Totò Riina qui al bunker, chiuso e impotente a dare ordini. Ma non durò molto. Nel '96 notai che tra i detenuti mafiosi si era diffusa una certa euforia. Lo dissi al mio direttore:

hanno cambiato atteggiamento. Che cos'era successo? Avevano saputo in anticipo che l'Asinara avrebbe chiuso. Qualcuno glielo aveva garantito prima che lo sapesse il parlamento.

Mentre il racconto si svolgeva tra memorie incise a vita e lampi improvvisi che giungevano dal passato, i giovani si guardavano sgomenti. E una Via Lattea immensa, come ne ho viste solo all'Asinara, anziché distrarli, ne dilatava le domande. Fino a notte fonda. Alla fine trovai Mattia seduto su un muretto, sconvolto. Mattia si è laureato due volte con me. Alla triennale con una tesi sul movimento contadino in Sicilia negli anni quaranta del Novecento. Argomento scelto per tenere insieme le passioni di suo padre, sindacalista nel bresciano, e le sue nuove passioni, l'antimafia. Alla magistrale ha studiato il processo Andreotti sulla stampa italiana. Per cultura familiare è da sempre schierato a sinistra. Quel che aveva sentito, che capì improvvisamente richiamare responsabilità del famoso governo dell'Ulivo, lo aveva turbato. "Ma com'è possibile," si ripeteva esterrefatto, gli occhi puntati sulla strada.

Esaurimmo la notte, nel racconto dell'ex sovrintendente-artista. In quella settimana di visite e testimonianze, pur tra bagni meravigliosi, giri di mirto, albe mozzafiato, intuimmo che per molti anni la storia vera d'Italia, quella che si dimentica ma che ha rischiato di mettere in ginocchio il paese, era passata da quell'isola. Avemmo informazioni altrimenti irreperibili. E ci ponemmo interrogativi altrimenti inimmaginabili.

Era stata la prima edizione dell'università itinerante. È questa la mia creatura di cui sono in assoluto più orgoglioso. Si tratta di una esperienza didattica totalmente diversa da quelle che si vivono nelle aule universitarie, fossero anche le più profonde e avvincenti. Consiste in un viaggio di studio di gruppo, che si svolge ogni volta in un posto che abbia qualcosa a che fare con il tema della "legalità difficile", concetto da cui trae il suo senso accademico. Ho iniziato nel 2013, poi ce ne sono state altre cinque edizioni. Sempre una settimana, tranne una più breve, di quattro giorni. La prima volta partii con diciotto allievi, poi gradualmente la fama dell'esperienza si è sparsa e la domanda di partecipare è cresciuta a dismisura. La penultima volta ne ho portati con me trentacinque, scremati alla fine di un bando in base ai voti e anche al numero delle esperienze compiute (essendo avvantaggiati quelli che non ne avevano mai fatte). Ognuno si paga in proprio le spese, assai contenute grazie ad accordi con associazioni, in particolare con Libera. Cerco comunque in genere di mantenere un equilibrio tra studenti più giovani, laureandi e laureati, compresi i ricercatori, perché l'obiettivo è di dare una grande opportunità formativa e al tempo stesso costruire e rafforzare quella che chiamo la comunità scientifica. E anche di riservare un piccolo spazio ai miei studenti di Berlino, dei quali poi vi parlerò. L'università itinerante è in fondo nient'altro che l'università come dovrebbe essere se ce ne fossero le possibilità materiali, e soprattutto l'ideale dottorato di ricerca in discipline sociali. Assomiglia alle antiche scuole filosofiche. Vi trovano posto le lezioni tradizionali, anche se fatte a semicerchio in una piazzetta solitaria o intorno a tavoli da picnic in un bosco di notte, o sulla spiaggia o anche in un'aula vera e propria. Vi trovano posto i seminari, il più delle volte programmati ma anche improvvisati in dieci minuti sulla spinta di quel che si è visto e sentito. Alle nove del mattino ma anche a ore impensabili, come accadde a Isola di Capo Rizzuto quando all'una e mezzo di notte mi chiesero di fare un seminario che durò fino alle tre. Vi trovano posto le testimonianze orali che riempiono quaderni di appunti, le visite che riempiono gli archivi fotografici. Portano con sé un carico emotivo che richiede grandi sforzi di razionalizzazione e al tempo stesso produce linee di conoscenza e di ragionamento più avanzate, talora del tutto inedite. I partecipanti vi arrivano avendo letto alcuni libri, ma trovano sul posto un sapere infinitamente più largo e coinvolgente.

La cosa più bella e profonda è che docente e allievi imparano *insieme*. Il più delle volte quel che viene raccontato o visto è raccontato o visto per la prima volta da me e da loro. Vivere insieme l'esperienza dell'apprendimento, magari a contatto con la natura, genera un irripetibile spirito di gruppo. Lo esalta. E costringe il docente, per svolgere il proprio ruolo, a distaccarsi dai libri dei programmi ufficiali. Ogni ora nasce, di fatto, un nuovo libro di testo, e i tuoi studi di una vita servono non come oggetto di lezione, ma per leggere e interpretare meglio il libro che si va scrivendo davanti a tutti. Non solo. Vivere insieme, disporsi nelle forme più irrituali, dà la possibilità di studiare da vicino le reazioni dei giovani. Sono abituato, l'ho già accennato, a guardarli negli occhi a lezione, per guidare le mie parole, per effettuare le pause o introdurre memorie personali, ma in queste esperienze è tutto diverso. Come dimenticare lo sguardo estasiato di Martina seduta per terra con le gambe raccolte nelle braccia, mentre a Cinisi ascoltava le insegnanti palermitane che hanno fatto la storia dell'educazione antimafia nella scuola italiana? E sempre a Cinisi, come dimenticare Arianna sola in lacrime nella sterpaglia, appena fuori della casupola mattatoio in cui venne ucciso Peppino Impastato? Si ha idea della domanda di conoscenza che queste emozioni possono suscitare?

Tenere insieme tutto questo per una settimana richiede notevoli capacità di resistenza. Non solo perché comunque sei via da casa e non hai l'età dei tuoi compagni di viaggio. Ma perché l'esperienza è totale. Si vive insieme giorno e notte. Solo a Ostia non abbiamo passato le notti nello stesso luogo. Le foresterie sobrie sì, i santuari austeri pure, i beni confiscati in ristrutturazione, anche. Ma quella volta di dormire sul pavimento di una palestra di scuola con due docce per tutti non me l'ero sentita. Pesò a me e loro. Anche perché solo se l'esperienza è totale si creano gli spazi necessari per gli scambi di riflessioni improvvisate, per comunicare tuoi ricordi, per parlare dei dettagli come dei massimi sistemi. Per capire qualcosa in più dei giovani che hai con te, anche sul piano delle loro vite e dei loro sogni personali. Sono i momenti in cui una battuta acquista il significato di una lezione. E non devi mai dimenticare che chi partecipa ha livelli di formazione diversi. Il bello è che di questo sono consapevoli anche i partecipanti più "anziani", i quali dunque si trasformano spontaneamente – così ho scoperto – in fonti e guide per i più giovani. È quello che chiamo il *principio di immersione*. Immersi insieme nei processi formativi, immersi insieme nella vita quotidiana. Immersi nella stessa speranza di un paese senza mafia. Alla fine di una settimana così si impara il doppio che in un intero corso di base, anche se, bisogna sottolinearlo, una settimana così non la si può trascorrere proficuamente se non si è frequentato il corso di base.

È una settimana esigente perché, senza mai smarrire il senso delle distanze e dei ruoli, devi sapere condividere pezzi di vita. Credo che alla fine la considerazione di cui godo presso gli allievi più affezionati sia salita vertiginosamente durante le università itineranti non per le mie lezioni. Ma per aver dimostrato la mia capacità di tirare fino alle cinque del mattino e talora fino all'alba con loro. Per avere giocato con loro un tempo di una partita di pallavolo, alla fine del quale uscii tra ole generose, ma con la consapevolezza che gli anni passano davvero (fu quando Davide mi salvò da una caduta rovinosa mettendomi un piede sotto la testa, e dicendomi rispettosamente "mi scusi"). Per gli aperitivi leggendari preparati loro in immensi pentoloni spremendo l'anguria con le mani, e di cui vi è ricca documentazione fotografica ("Non bere troppo," raccomandò una mamma premurosa all'allieva che se ne era entusiasmata), e di cui si è fantasticato che avessero un ingrediente segreto come la Coca-Cola, indovinato un giorno solo da Elisabetta. O per i soprannomi azzeccati, Bambi e Sofia, Capitano e Libertador, alcuni dei quali rimasti appiccicati negli anni. Esperienza faticosissima ma anche, come si sarà capito, di una intensità umana inarrivabile. Che sotto cieli sempre diversi ripete la felicità di fare il prof, e trasforma questo monosillabo in una filosofia di vita.

Ma come è nata l'idea dell'università itinerante? Dirò la verità. Non nacque da una mia particolare e originale speculazione sui metodi educativi. Ma da una intuizione improvvisa avuta su una nave. Era la sera del 22 maggio 2013. In quella data, come ormai da alcuni anni, era partita da Civitavecchia una nave dedicata a Giovanni Falcone, per portare a Palermo, nell'anniversario della strage di Capaci, le scolaresche di tutta Italia che si erano distinte per i propri lavori sulla mafia e sulla legalità. Un'iniziativa promossa dal ministero dell'istruzione (in particolare dalla direzione per lo studente) e dalla Fondazione Falcone. Quell'anno il ministero, quasi a riconoscimento del lavoro che stavamo facendo all'università di Milano, mi invitò a partecipare con una quarantina di studenti, che avrebbero dovuto assumere la funzione di tutor nei confronti degli studenti più giovani. Quando, arrivando ognuno con i propri mezzi, ci ritrovammo al porto di Civitavecchia, ci si spalancò un mondo. Non solo ci stavamo trovando per la prima volta in un posto lontanissimo per colori e spazi dall'aula di Scienze politiche, ma ci stavamo inserendo in una umanità speciale, fatta di bambini, ragazzi in festa, striscioni, bandierine, canti, in cui a dispetto delle apparenze vi era molta spontaneità e poca retorica;. stemmo ore sulla banchina tra i nostri bagagli davanti a una nave altissima che a causa di un mare eccezionalmente mosso non si sapeva se sarebbe potuta partire. Fu il neopresidente del senato Pietro Grasso a spingere alla fine verso la decisione di partire. Ci furono i discorsi delle autorità al porto, alcuni belli altri vacui. Salimmo tutti in fila. Gli studenti erano autorizzati a vista. "Sono quelli di dalla Chiesa," comunicava il personale addetto. Bisognava vederci. Io avanti e loro dietro in fila indiana, come fossi un pifferaio magico. Sulla nave passammo alcune ore a guardarci intorno, distribuendo materiale del corso e dell'università di Milano. Le tante insegnanti che si portavano per corridoi e stanze i loro scolari sembravano davvero la faccia più civile dell'Italia. A quel punto proposi che all'una di notte ci trovassimo tutti sul ponte, mi sembra all'esterno, per tenere un seminario su quello che stavamo vedendo. Vennero tutti, e tutti parlarono, Patrizio e Aurora, Hermes e Maria Giulia, Francesco e Monica, suscitando la curiosità del personale di bordo, che passava e non capiva che fosse mai quel cerchio dialogante nel pieno della notte.

Al mattino scendere al porto di Palermo fu una emozione collettiva indescrivibile. Tutti i bambini e i ragazzi erano schierati dietro il portellone della nave, e quando questo si abbassò videro d'improvviso dall'altra parte, schierati simmetricamente sulla banchina, centinaia di bambini e ragazzi venuti ad accogliersi in canto e sventolio di bandierine. Fu una giornata febbrile. Gli studenti la vissero minuto per minuto, senza soste. Il tutoraggio, il comizio-festa a Corleone, dove andarono a intervistare altri studenti e commercianti, e infine la manifestazione sotto l'albero Falcone, subito immedesimandosi nei giovani locali che reclamavano e poi applaudivano i lenzuoli bianchi, simbolo antico della rivolta antimafiosa, che venivano calati dai balconi al loro passaggio. Tornarono a Milano segnati da quell'esperienza. "Ha cambiato la mia vita," mi disse Marco. La cambiò effettivamente a molti. In ricordo di quel mare mosso che non li aveva fatti dormire fondarono subito l'associazione Ondantimafiosa, che di lì a poco avrebbe dato vita al primo presidio universitario di Libera in Lombardia. Io mi portai il ricordo del seminario notturno, della superiorità dell'apprendimento realizzato sul posto, nel pieno svolgersi delle situazioni, della diversa formazione che nasce nel fuoco di una comune esperienza di vita. E mi chiesi: e se diventasse un nuovo modo di insegnare? Due mesi dopo giungemmo all'Asinara.

E lì nacquero fra l'altro domande sul terrorismo, da noi mai studiato. E nacque come prolungamento invernale, ma solo per quella volta, un'università super-itinerante, un viaggio tra Milano, Torino e Genova, per sentirsi raccontare gli anni settanta e ottanta da chi li aveva vissuti. Incontri tenuti nella più rigorosa riservatezza e lontano dalla frenesia delle foto digitali per preservarne il senso. Ad esempio con Armando Spataro, magistrato di prima fila, che attraversando la sua vita raccontò non solo le Brigate rosse ma anche i clan calabresi a Milano e il terrorismo internazionale, a partire dal celebre caso del sequestro del presunto terrorista Abu Omar a opera di agenti della cia, su cui egli aveva indagato con tenacia. Spataro spiegò quel che non si trova nei libri di storia e neanche nei corsi universitari. L'arrivo a Milano da Taranto nel 1976, giovanotto ancora infatuato della pallanuoto. Pochi mesi a Palazzo di Giustizia, il tempo di annusare il clima, e poi la richiesta del procuratore capo: se la sente di fare il pubblico ministero nel processo alle Brigate rosse? Non esistono eroi, spiegò ai giovani. Ci sono volte in cui senza volerlo, ma per destino, si finisce a occuparsi di certi processi. Ricordò il primo processo, le parole allusivamente minacciose di un avvocato difensore, e la protezione professionale che venne a dargli in udienza un giudice di poco più anziano, si chiamava Emilio Alessandrini, poi ucciso dai terroristi di Prima linea. E fu parlando di Alessandrini e di Guido Galli, l'altro magistrato ucciso da Prima linea (fra l'altro proprio dentro l'università statale, dove insegnava), facendo quei nomi mai sentiti dai ragazzi, che gli si ruppe e poi bloccò la voce, mentre intorno a lui si formava un silenzio rispettoso e incredulo. In quel momento, in quel preciso momento, se ricordo bene le loro espressioni, Alice e Giorgia, Samuele e Mattia e Federica capirono davvero meglio che cosa sia la legalità difficile. Non solo storia di complicità mafiose, ma anche storia di complicità a sinistra con i "compagni che sbagliano". Impasto maledetto di pavidità, di rischi, di sofferenze, di solidarietà umane; di cretini, anche, come Marco, il figlio di Alessandrini, ritiene fossero gli assassini del padre.

Vedere un magistrato ultrasessantenne costretto, più di un terzo di secolo dopo i fatti, a bloccare la voce accelerando le parole e soppesando le pause, per paura di farsi agguantare dall'emozione: che penseranno mai gli studenti di un giudice che deve sostenere responsabilità tanto grandi e che ha le fragilità emotive di un adolescente? Questo mi sembrò il pudore di Spataro, specie quando venne a sapere che in prima fila tra gli studenti c'era un giovane sottufficiale della finanza. Sgominò comunque il luogo comune sugli 'ndranghetisti che non collaborano; lui, spiegò agli studenti, ne ebbe decine solo nelle sue indagini in Lombardia. Fu un vero affresco di storia. Vidi lo sbigottimento generale quando raccontò della commissione stragi del parlamento e del trattamento irritato riservato a lui e al giudice Ferdinando Pomarici, "colpevoli" di essersi presentati spontaneamente per fugare le ricorrenti fantasie sul caso Moro, e dunque di rovinare, come disse, "una bella narrazione". Quanti problemi sollevò senza teorizzarli: la verità giudiziaria, la verità storica, la verità politica. Al termine gli studenti lo circondarono, davanti a un bicchiere di vino. Se ne andò, mandando in frantumi un ulteriore luogo comune. L'idea, allora pervasiva e devastante, che chi si occupa di certi temi rischi la vita ogni ora. Il giudice era senza scorta. Può sembrare strano. Ma nell'università ormai senza più fondi, i giovani fanno ricerca anche così. Senza promesse di crediti e di premi.

E come dimenticare, in quel ciclo, la testimonianza che rese don Ciotti sul tavolo su cui faceva colazione ogni mattino con le future vittime di aids e che egli trasformò poi, in ricordo delle loro sofferenze, in altare? O la risposta che Franco Bonisoli, membro del gruppo brigatista che tese l'agguato ad Aldo Moro e alla sua scorta, diede al ragazzo che gli chiedeva quale consiglio avrebbe dato a un giovane intenzionato a cambiare il mondo? Bonisoli, che non si è pentito con la legge ma si è pentito con la sua coscienza, rispose come gli ex terroristi in genere non rispondono: ho fatto tanti disastri, disse, ho fatto piangere tante persone in vita mia che non ho titolo a dare consigli a nessuno. Avete chi ve li può dare.

Incontrare la storia, per sapere, per riflettere. Per comporre teorie più aderenti ai fatti. Per non accontentarsi. Fu quello che cercammo di fare anche nell'edizione dell'università itinerante di Cinisi, estate del 2014. Benché fossimo a pochi metri dal mare, non avevamo più intorno le bellezze sconvolgenti dell'Asinara, né gli asini bianchi o gli aironi o i cinghiali vicino a noi sotto le stelle, ma la realtà immortalata da *I cento passi*, il film cult di Marco Tullio Giordana su Peppino Impastato. C'erano le villette confiscate accanto al mare, in cui dormivamo, e nel paese la casa di Peppino trasformata in museo, la stanza esattamente com'era, lo spirito di mamma Felicia, che sentivamo sulla pelle, i racconti commossi del fratello Giovanni. E la casa gonfia e sterminata di don Tano Badalamenti, il mandante di quell'assassinio; anch'essa confiscata, e in cui una sera organizzammo simbolicamente un dibattito sulla mafia. E siccome la settimana da vivere insieme comprendeva anche il 3 settembre, data dell'assassinio di mio padre, decidemmo che avremmo studiato soprattutto i cinque anni di mafia che andavano dal 1978, l'anno di Impastato, al 1982, l'anno di mio padre. Un quinquennio densissimo, che aveva visto rovesciarsi gli equilibri di potere in Cosa nostra, e da cui era partita la sfida più alta allo Stato, con quella terribile sequenza di omicidi degli uomini delle istituzioni.

Fu in quella occasione che si realizzò forse la più alta comunione di sentimenti tra me e i miei studenti. Tutto avvenne secondo una progressione imprevedibile. Il mattino del 3 settembre era infatti in programma una doppia cerimonia di commemorazione. Una sul luogo della strage, in via Carini. E una successiva, religiosa, nella caserma dei carabinieri di piazza Indipendenza, comandata da mio padre e poi intitolata a lui. Al mattino presto trovai tutti i ragazzi pronti a venire con me, benché non l'avessi chiesto a nessuno. Tutti con le magliette gialle preparate da Libera. Una volta sul posto, si misero di lato alla folla, alla destra della lapide; uno accanto all'altro, così che quella macchia gialla spiccava anche da lontano.

Poi vennero all'appuntamento in caserma, sempre con le magliette gialle. Temevo che questa esibizione cromatica potesse urtare l'ortodossia della cerimonia. Invece il comandante generale dell'Arma, Leonardo Gallitelli, non aveva occhi che per gli studenti, sistemati accanto all'altare, alla sua sinistra. Sembrava che parlasse, più che alle tante autorità presenti, proprio a loro, ideali ospiti d'onore; quasi allievi a distanza del generale-prefetto. A quel punto ebbi un'idea che mai altrimenti mi sarebbe venuta. Chiesi se potevo portarli con me a vedere i luoghi dove negli anni sessanta lavorava mio padre: per fare loro immaginare gli uffici, le atmosfere di quasi mezzo secolo prima. Ebbi subito l'autorizzazione. Andai, con loro dietro, al primo piano, sul lato di via Vittorio Emanuele. Giungemmo ai corridoi in silenzio, ma trenta giovani che arrivano in silenzio si sentono lo stesso. Raccontai tutto quel che ricordavo. Lì venivano battute a macchina le relazioni per la commissione antimafia, lì c'era la grande carta della Sicilia con le bandierine che si vede in una famosa intervista, lì fecero senza computer né fotocopiatrici la mappa con le genealogie mafiose per la commissione, qui dentro ho conosciuto Sciascia mentre regalava a mio padre con dedica *Il giorno della civetta* (che ancora custodisco), di là stava il colonnello Russo, che lavorava con lui, ucciso nel 1977. Man mano che spiegavo si affacciavano gli ufficiali e i marescialli dai loro uffici, per capire che cosa stesse accadendo. Quando lo capivano, si fermavano anche loro ad ascoltare, perché quelle storie non le avevano mai sentite raccontare da nessuno. E imparavano qualcosa di più sugli stessi spazi in cui lavoravano. Di colpo mi trovai con due pubblici, fusi incredibilmente tra loro.

Quando riscendemmo in cortile e mi misi ad aggiungere i particolari della mia vita in quella caserma ("quella è l'officina in cui si faceva celebrare la messa di Natale, qui giocavamo a pallavolo, lì dormivo quando facevo l'ufficiale di picchetto durante il servizio militare ed ero più giovane di voi") scorsi con sorpresa lacrime di commozione muta sui volti di quasi tutti. La comunità scientifica si era trasformata in una comunità affettiva. Dovette rimanere in loro una traccia profonda di quei momenti. Il 3 settembre di tre anni dopo, per il trentacinquesimo anniversario dalla strage, via Carini era presidiata come un fortino. Avrebbe presenziato alla cerimonia il presidente della Repubblica, Sergio Mattarella. Giunsi su un'auto dei carabinieri. Il luogo dell'eccidio era totalmente circondato da divise, autorità e scorte in borghese. A un tratto vidi oltre la siepe insuperabile dei servizi di sicurezza uno striscione levato verso l'alto da due sostegni in legno. Lo lessi. Diceva: "Noi, donne e uomini di dalla Chiesa". Pensai che era bellissimo che qualcuno avesse voluto manifestare così, pur invisibile, la sua memoria in mezzo a tante presenze ufficiali. Professare in quel modo gratuito la propria appartenenza a un popolo ideale. Dopo un po' mi voltai a rimirare quelle parole. Lessi meglio. C'era scritto: "Noi, donne e uomini *dei* dalla Chiesa". Mi passò per la schiena un brivido di commozione. Seppi poi che erano loro. Un gruppo di quell'università itinerante, a cui si era aggiunto qualcuno che nel 2014 non c'era. Venuti fino a Palermo senza dirmelo, solo per dare quella testimonianza silenziosa in quell'anniversario.

L'università itinerante conquista anche gli estranei. Avevamo per esempio un'ospite nel gruppo, una diciannovenne studentessa valdostana. Si chiama Beatrice. Era venuta con Libera, ma più che altro, come aveva spiegato con estrema sincerità, perché non aveva mai visto Palermo. Non aveva mai nemmeno visto *I cento passi*. Se ne ripartì con l'intento di dedicarsi alla lotta alla mafia, ammaliata dalla figura di Felicia Impastato e dallo sforzo immane che aveva fatto, sola a Cinisi, per dare giustizia al figlio. Mi disse un giorno: "Devo ammettere che quel che ho visto e sentito mi ha scosso, non pensavo a un effetto così forte" e non si dava pace che molti giovani di Cinisi potessero non prendere Peppino come loro modello. Anzi, che alcuni di loro (perché così risultava dalla breve ricerca sul campo che facemmo a Cinisi) potessero non saperne nulla.

Come si sarà capito, è impossibile raccontare in poche pagine la storia di un'esperienza così ricca, che ogni volta mi riempie due quaderni di appunti scritti a grafia piccolissima. Ma soprattutto che si popola alla velocità della luce di immagini e parole che mai avresti il tempo di fissare in qualche luogo se non nella memoria o negli occhi, sempre perdendo per strada qualcosa. Dagli scherzi alle risa agli sguardi. Dalle cene alle invettive complici. Dalle ore di chitarra con Alessandro, cantautore di cui vi parlerò più avanti, alle discussioni di vita o alle danze notturne guidate con levità da Ilaria (alle quali rigorosamente non partecipo), o alle emozioni e all'imbarazzo che si leggono all'arrivo di qualche testimone famoso, fino agli amori che nascono e finiscono, e alle abbuffate gioiose nei bar più forniti di pasticceria locale (memorabile Ester, da me trovata a Palermo con due brioche piene di gelato, una per mano contemporaneamente...). E tuttavia ancora qualche ricordo vorrei darvi sulle altre edizioni, per spiegare come vi prenda slancio incomparabile la conoscenza. E come sia possibile che lo studio e la fatica diventino un *desiderio*.

Nel marzo del 2015 andammo, ad esempio, quattro giorni a Casal di Principe. Vennero quella volta anche quattro studentesse da Berlino, poiché avevo da poco concluso la mia prima esperienza di insegnamento alla Humboldt. Più due studenti di Giurisprudenza di Padova, che avevano saputo di questa didattica anomala e volevano provarla. Quella volta decisi di escludere tutti i veterani, per dare spazio a chi ancora non aveva partecipato. Fu un'esperienza impegnativa assai, anche perché i nostri ospiti (giustamente, dal loro punto di vista) ci e mi chiedevano di fare in aggiunta iniziative pubbliche per valorizzare i loro progetti. Il titolo di quella edizione era "In terra di Gomorra dopo *Gomorra*". Serviva a mettere subito in chiaro che qualcosa era cambiato dai tempi del romanzo di Roberto Saviano del 2006, se non altro perché il clan dei casalesi era tutto in carcere e anzi alcuni dei boss più influenti avevano incominciato a collaborare. Be', la sorpresa fu grande, totale, quando ci rendemmo conto che sul posto le persone parlavano della camorra all'imperfetto. "Quando c'era la camorra," dicevano tutti. Usavano l'imperfetto anche quelli che la rimpiangevano, perché "quando c'era la camorra non c'era spaccio per le strade e non c'era la criminalità straniera". Restammo di stucco. Lì ne parlavano come di una cosa del passato, ma tutta Italia identificava – e identifica... – ancora Casal di Principe con il clan dei casalesi. Anzi, nel film *Gomorra* non si scorgeva proprio alcuna forma di opposizione. L'unico caso di defezione che vi veniva raccontato era individuale: l'auto che si ferma sul ciglio della strada e il giovane collaboratore del camorrista d'affari (Toni Servillo) che chiede di scendere e inizia a camminare da solo. Ma qui il sindaco che stavamo incontrando, Renato Natale, era uno storico medico anticamorra eletto con il 66 per cento dei voti. Dove erano finiti i suoi elettori nel film? E che cosa sa davvero l'Italia di questa città? "Ma quale terra di Gomorra," ci dicevano i nostri interlocutori. "Noi," aggiungevano con orgoglio, "siamo le terre di don Peppe Diana."

Il nome del martire anticamorra, del prete ucciso in sacrestia nel 1994, come marchio di identità di una terra. Eravamo dovuti andare con l'università itinerante per vedere con i nostri occhi, per capire che il movimento anticamorra stava costruendo *un'altra società civile*, dalle scuole alla diocesi, da una radio alle imprese, all'antiracket, alle cooperative sui beni confiscati, prima fra tutte la cooperativa sociale Al di là dei sogni, guidata a Maiano, frazione di Sessa Aurunca, da Simmaco Perillo, assistente sociale quarantenne. Una onlus nata nel 2004 e che oggi gestisce diciassette ettari, sui quali abitano e lavorano in totale ventuno persone. Anche per chi diffida dei mezzi di informazione, era un vero e proprio rovesciamento di senso, quasi l'annuncio di un nuovo mondo. Lo stesso clima trovammo a Castelvolturno, il teatro dello sterminio dei neri nel 2008, opera di Giuseppe Setola, tornato qui in libertà grazie alla sanità "d'eccellenza" di Pavia, che lo aveva dichiarato cieco. Commercianti che esprimevano fiducia nello Stato. Qui i carabinieri funzionano bene, dicevano. Una rivoluzione, in una terra in cui, come ci avrebbe detto l'anno dopo a Isola di Capo Rizzuto il procuratore Federico Cafiero De Raho, nel frattempo passato a Reggio Calabria, "durante l'indagine sui casalesi dovemmo arrestare ottantuno membri delle forze dell'ordine al servizio della camorra". Incontrammo anche l'associazione degli imprenditori che non pagano il pizzo e non si piegano più. Una realtà in crescita numerica. "Una delle cose di cui mi vergogno di più in vita mia," ci confessò Luigi Ferrucci, ristoratore, "è la solitudine in cui abbiamo lasciato Domenico Noviello, l'imprenditore ucciso nel 2008 e a cui abbiamo voluto intitolare l'associazione: gli dovevano dare una lezione perché aveva denunciato. Non c'era quasi nessuno nemmeno ai funerali. Pochissimi commercianti. Ecco, oggi questo non accade."

L'imprenditore parlava e io mi domandavo dove i miei studenti potessero imparare quelle cose, sapere di quel passaggio d'epoca, se non le sapevo neppure io. La famosa ricerca sul campo. Ma due esperienze ci toccarono, e tanto, in quell'occasione, e molto ci fecero riflettere sull'antropologia culturale del posto e sulla storia drammatica in cui si era formata. La prima fu la visita alla signora Jolanda, la mamma di don Peppe Diana. Ci accolse seduta, di una gentilezza stremata e sconfinata. Quella donna avrebbe ospitato l'universo. Nella casa c'era profumo di caffè per tutti, aveva fatto prendere i pasticcini per "gli studenti di Milano". Ci conquistò l'antica ospitalità contadina, il dialetto che fluiva come un fulmine. I ragazzi, anche se non capivano la metà delle sue parole, le stavano intorno con affetto, anche l'ultimo entrato ancora stralunato di sonno si tolse il cappello. Davanti a noi stava la madre della leggenda laica e cristiana del luogo, don Peppe Diana. Il suo sangue di giusto sembrava davvero avere fecondato una civiltà intera, averle dato un'anima collettiva. Vedemmo le stanze di don Peppe, lasciate così com'erano. Quando ci lasciammo lei mi chiese: "Glielo dica a Renzi", riferendosi alle promesse che le aveva fatto il presidente del consiglio durante una visita precedente.

Si sparse poi, non so per quali canali, la voce che avevamo deciso tutti insieme che la domenica mattina saremmo andati al cimitero a salutare le vittime innocenti della camorra. Al di là dei seminari e delle note raccolte, anzi, proprio per quello che ci era stato raccontato, lo sentivamo come un dovere. Pioveva, alcuni studenti arrivarono con fiori acquistati spontaneamente. Difficile descrivere cosa provammo nel constatare che davanti a tutte le tombe dove dovevamo recarci c'erano, per ringraziare "gli studenti di Milano", i familiari delle vittime, un gruppetto per ogni tomba. Piccole comunità a testimoniare con quella loro presenza mite e affettuosa la quantità di violenza e dolore seminata dalla follia della camorra. Loro lì, e tanti degli assassini sepolti a poca distanza, uccisi giovanissimi, come indicavano le date di nascita e di morte sulle lapidi.

L'edizione successiva fu quella per la quale provai più preoccupazione, pur cercando di non comunicarla agli studenti. Si tenne nel luglio-agosto dello stesso anno, un'intera settimana a Ostia. Ostia era il territorio dei clan venuti dalla Sicilia, i Caruana e i Cuntrera, ma ormai soprattutto dei clan autoctoni, i Fasciani e gli Spada, imparentati con i Casamonica. Clan potenti, che spadroneggiavano nel narcotraffico, nell'usura e sui lidi balneari, che a Ostia formano una fila di undici chilometri che nasconde il mare e dove la libertà di accesso alla battigia, pur scritta nelle leggi, è una favola per ingenui. Clan protetti a ogni livello. C'erano stati episodi di intimidazione nei confronti di giovani antimafiosi nei mesi precedenti. Ma gli studenti erano entusiasti della proposta. Presi quindi le precauzioni che potevo. L'ospitalità, come ho anticipato, sarebbe stata offerta da una scuola, nella palestra, per tenere di notte tutti insieme in un luogo chiuso e inaccessibile. Non sapevo che le recinzioni intorno fossero una specie di colabrodo. Avvertii i carabinieri, il cui comandante venne subito a incontrarci, per poi tornare cinque giorni dopo a tenerci una informatissima relazione sulla situazione del litorale. Di fatto successe però che fu la gente del luogo a chiamare la prima notte i carabinieri, perché degli "sconosciuti hanno occupato la scuola e stendono magliette e asciugamani nel cortile". Eravamo noi.

A ospitarci e organizzare tutto fu Marco Genovese, un trentenne di grande coraggio, coordinatore di Libera, che era già stato allievo del nostro corso di perfezionamento. Marco è l'esempio perfetto di quante persone vi siano in Italia a potersi prendere responsabilità pubbliche, altro che l'eterno "non c'è nessun altro" detto per difendere i giovani gaglioffi che si occupano di politica ("Magari Marco si mettesse in politica," mi disse un'imprenditrice). Fu lui, che già aveva assicurato la presenza di decine di giovani al processo contro i Fasciani, a reggere con altri membri dell'associazione il grande peso organizzativo di quella edizione, e farci capire l'importanza della spiaggia liberata, lo stabilimento balneare in cui, dopo avere vinto un bando, uisp e Libera davano finalmente libero accesso al mare ai cittadini. Agli studenti, che vi giungevano rigorosamente in gruppo in bicicletta, era chiesto in cambio di ravvivare con lunghi graffiti le strutture dello stabilimento, oggetto di attacchi (e anche questo fu illuminante della situazione di Ostia) da parte dei rappresentanti locali del Movimento 5 Stelle.

Ma Ostia era diventata da poco anche "Mafia Litorale", ovvero la faccia più direttamente criminale di "Mafia Capitale", il più vasto sistema di affari e di delitti svelato dalla procura della repubblica di Roma, una mafia senza struttura unitaria classica. Era materiale di studio imponente. Quella volta l'elaborazione dei seminari serali toccò il massimo in termini di profondità teorica. I giovani e giovanissimi studiosi ragionavano su quello che avevamo sentito da giornalisti, magistrati, ufficiali dei carabinieri, ex consiglieri comunali, dirigenti di associazioni; o dal commissario del municipio di Ostia e assessore di Roma, l'ex magistrato Alfonso Sabella, in cravatta sotto un'afa da schiantare, che aveva icasticamente spiegato: "La mafia qui non va all'assalto dello Stato, se lo compra." Si discuteva di come intendere il controllo del territorio, di come le nuove teorie organizzative potessero incrociare la definizione giuridica del fenomeno mafioso. Ricordo di avere provato momenti di autentico orgoglio per gli interventi che ascoltavo. Martina ne avrebbe poi scritto in sede accademica, Ilaria ne avrebbe tratto il progetto di dottorato che nel 2016 l'avrebbe vista prima in graduatoria alla Sapienza di Roma. Ancora una volta si dimostrava che i giovani, messi nella condizione di farlo, "producono conoscenza". Tra tutti maturò comunque la consapevolezza che proprio là dove Pasolini aveva cercato il mondo degli emarginati fino a morirne, stava in realtà nascendo un nuovo pezzo, e forse il pezzo peggiore, di quello che lui chiamava "il Palazzo".

Poi fu la Calabria, forse il nome più evocativo. Stampato nella mente e nell'immaginario, ma anche talora nelle origini degli studenti. Fu nel settembre 2016, ospiti del bene confiscato al clan Arena di Isola di Capo Rizzuto, a due passi dal favoloso mare di Le Castella. Un viaggio che i ragazzi avevano chiesto a lungo. La Calabria che aveva dato al corso alcuni laureati che non ho mai dimenticato: Tania, la prima, figlia di contadini ma con la tesi scritta in inglese e una brillante carriera internazionale; poi, venuti dalla Calabria a far la tesi sulla loro regione, Matteo, Ambrogio, Adelia, Rossana, Gaetano, Stefano, Claudio. Tre giornalisti su sette: Matteo, Adelia e Claudio, di cui parleremo. E la fitta schiera dei figli di calabresi, Martina e Francesco soprattutto. La Calabria, ancora, madrepatria della 'ndrangheta protesa alla conquista della Lombardia. Erano molte e diverse le ragioni dell'interesse del gruppo. L'incontro con questa terra lasciò un segno di nuovo molto forte, ma diverso. Nella settimana abbondante di piogge e temporali (solo due bagni di mare in quel posto di sogno) studenti e ricercatori furono impressionati da un fatto: la presenza della 'ndrangheta si avvertiva anche se non se ne faceva il nome. Anzi, forse *proprio* per il fatto che non lo si facesse. I racconti di familiari di vittime, diretti o per interposta persona, parlavano della capacità inaudita dei clan di condizionare anche le vite private.

Tutt'intorno si coglieva una gracilità della società civile impensabile a Casal di Principe. Era un po' come a Ostia, dove gli onesti sono costretti sulla difensiva, ma con la differenza che lì essi non abdicano alla parola. Qui, anche con buone ragioni, si percepiva una estrema attenzione a non pronunciarla. Perché "prima bisogna cambiare la cultura", perché "attraverso una rigenerazione culturale", perché la fede, perché la scuola, perché è un sistema più ampio. Ma fondamentalmente perché pronunciare la parola proibita, 'ndrangheta, farebbe tirare su un muro anche davanti alle cause più nobili e universali. Un autentico tabù. Ascoltammo testimonianze importanti.

Fra tutte, quella – a cui già ho accennato prima – di Federico Cafiero De Raho, il procuratore di Reggio: asciutta, documentata, intelligente, realistica, perfino brutale ("questa è una dittatura"), e nonostante ciò ottimistica. O quella di Carolina Girasole, già sindaco di Isola di Capo Rizzuto, ingiustamente accusata di complicità con il clan degli Arena, la cui testimonianza mi fece sentire in colpa (e lo dissi, e lo scrissi) perché quei sospetti mi avevano pur toccato. Isolata, abbandonata, anche dal suo partito. Sentimmo operatori sociali, a partire da don Giacomo Panizza, per i quali era impossibile non provare ammirazione, capimmo la qualità dell'umanità che stavamo incontrando. Eppure mancava qualcosa: la stessa che ha fatto sparire dalla memoria pubblica la storia dell'educazione alla legalità promossa per decenni nelle scuole calabresi, una storia grande che venne lì richiamata proprio da Martina, ossia paradossalmente da una ricercatrice milanese, che l'aveva studiata a fondo. Sembrò cioè a tutti noi che mancasse un'idea di comunità, una nervatura capace di tenere tutto insieme, di dargli identità ampia.

La settimana fu popolata di molte altre cose belle: la serata a Crotone in onore di Rino Gaetano (oh, come si scatenarono allora, virgulti e virgultine...), la scoperta tra noi di una nuova cantautrice, Jenny, studentessa albanese, l'adozione di una cagnolina che prese la via di Milano con Giulia, l'incredibile abbondanza e qualità di cibo, ortaggi soprattutto, offerto dai nostri ospiti, le martellate con salto praticate da Matteo sui pali di recinzione con cui dovevamo delimitare uno dei terreni confiscati, e che furono a lungo filmate, le esibizioni teatrali e coreutiche nelle ore notturne in cui diedero il meglio di sé molti del gruppo.

Soprattutto, però, vi fu la presentazione da parte di Sabrina, ricercatrice calabrese rimasta tutto il tempo con noi, di un suo libro sulla "dignitudine" femminile, crocevia simbolico di tante storie di 'ndrangheta (lei la parola la pronunciava). Un libro scritto con Ludovica, collaboratrice del corso progredito di Sociologia della criminalità organizzata. Sabrina si infervorava raccontando alcuni casi esemplari, come quello di Annamaria, la ragazza offerta dal giovane boss in pasto ai propri accoliti, contravvenendo allo stereotipo della gelosia mafiosa, della intoccabilità della donna del capo. Toccabile eccome, quella donna, anche se è quasi una bambina, se il capo per confermarsi tale vuole fare un regalo alla sua banda. Si scaldava e, racconto dopo racconto, ci portava in un inferno quotidiano. Piccole, sconosciute vicende che dovrebbero far fremere chi governa queste terre e azzerare ogni retorica. La microfisica del potere che si spande per i paesi, nelle vite familiari, che porta poi alle storie che lasciano il segno, agli stupri di gruppo o alle testimoni di giustizia condotte alla morte da madri o fratelli.

Lo presentò al termine di un bagno collettivo a Le Castella. Nel sole di mezzogiorno. Ci mettemmo tutti seduti ad asciugarci a cerchio sotto un muro laterale del castello, intorno a lei che in piedi raccontava e spiegava. I turisti passavano, guardavano e non capivano. Tanto meno capivano gli sposi che venivano lì a suggellare con romantiche immagini la loro cerimonia. Noi invece da quei racconti e da quella parola stramba, "dignitudine", capimmo molto.

Ce ne tornammo a casa con un'idea che, scoprimmo a Milano, era nata silenziosamente un po' in tutti. Altro che il ponte sullo Stretto, ne avremmo dovuto costruire uno ben diverso. Un grande ponte tra Milano e la Calabria, questo era il compito della comunità scientifico-civile in formazione. Stessa direzione, ma nel verso opposto a quello già costruito nei decenni dalla 'ndrangheta. Lei per invadere e conquistare la Lombardia, noi per aiutare i "fratelli calabresi" a liberarsi. E liberarci anche noi.

E infine di nuovo l'Asinara nel 2017, stessa settimana del 2013. Mi ero ripromesso di non tornarci mai più in quell'isola. Troppo forte e intensa era stata l'esperienza della prima volta. Quando all'aeroporto di Olbia avevo visto gli studenti immalinconiti perché tutto era finito, avevo pensato che quello che avevamo vissuto sarebbe stato irripetibile. Che con quell'isola dovevamo chiudere. Tornarci ci avrebbe comunque riservato una delusione. I sogni non si possono fare due volte. Fummo tutti d'accordo, non ci tornammo. Poi, quattro anni dopo, la tentazione mi scavò dentro. Lentamente, progressivamente. Perché negarlo a una nuova generazione di studenti? Fra l'altro si era ripetuto proprio in maggio il viaggio di massa sulla nave per Palermo. Stesse emozioni, stessa gioia, stesso coinvolgimento. Stesso seminario notturno, questa volta con la gente che si inseriva per partecipare. Partimmo dunque per l'Asinara, io con qualche interrogativo sull'impatto che avrebbe avuto su di me la seconda volta. Gli studenti (ma in realtà erano soprattutto studentesse) erano decisamente più giovani della volta prima, mediamente tre anni in meno. Più inesperti, meno cementati tra loro. Stavolta si erano uniti a noi Giampiero, il coordinatore di Libera Sardegna, e Ivo, l'indispensabile nostromo diventato in due giorni il beniamino del gruppo.

Tornando ebbi un tuffo al cuore. "Prof", quel monosillabo ancora pronunciato più e più volte da voci giovanili in mezzo alle bellezze più impossibili, mi restituiva di colpo all'esperienza precedente. Pensai al temutissimo effetto malinconia. Non ce ne fu il tempo. Tutto cambiò quando già la prima sera si decise di andare a fare la lezione di storia nel cortile di ingresso del carcere bunker di Cala d'Oliva: il luogo non è illuminato, sicché i ragazzi si disposero a cerchio seduti a terra e iniziarono a prendere appunti illuminando i loro computer o i loro blocnotes con i cellulari, trasformati in modernissime candele. Vi sono foto di quella notte che danno il senso della magia in corso. Lo stupore debordava dai silenzi. In un carcere di massima sicurezza, con quella storia alle spalle che parlava con le pietre, riuniti uno accanto all'altro, e, sopra, un cielo forse mai visto. Piccole lucine artificiali a terra e in alto una sterminata distesa di luci per noi eterne. "Considero valore l'assemblea delle stelle," ha scritto Erri De Luca. Stemmo lì, assemblea sotto assemblea, fino a tardi. Era stata battezzata una nuova epoca. Anche perché scoprimmo che pure il sagrato circolare davanti alla chiesa non era più illuminato. I pochi turisti autorizzati a dormire sull'isola venivano a vedere i documentari televisivi che mandavamo su teli bianchi all'aperto, per ricostruire la storia dei sequestri di persona in Sardegna. Arrivavano puntuali. Si era sparsa la voce che eravamo "quelli dell'università di Milano". Poi ascoltavano la breve lezione che seguiva. Quando a mezzanotte sentivano me dare appuntamento dentro la foresteria per il seminario, e fornire indicazioni per il successivo incontro all'aperto dell'una e mezzo, sbarravano gli occhi increduli. Un signore mi avvicinò e mi chiese, come se stessi sottoponendo gli studenti a una specie di tortura: "Ma loro come reagiscono?" "Loro si divertono," gli risposi ridendo.

Con alcuni di loro, la notte stessa, volemmo studiare quel cielo con più attenzione. Per curiosità, come fiutassimo l'incantesimo. Senza che avessimo stabilito una durata, andò avanti per ore. Bisogna provarla, l'esperienza di vedere la Via Lattea dall'Asinara nelle notti senza luna. Si entra in una dimensione sconosciuta. Perché lì la Via Lattea non è la Via Lattea. Ma da mezzanotte è *tutto il cielo*. Una infinità di stelle che, come sempre accade, si vedono solo spingendo in profondità lo sguardo. Ma che all'Asinara coprono tutta la volta, senza fine, a perdita d'occhio. Parlavamo pianissimo, sussurravamo le poche parole, non perché ci fosse qualcuno a cui potessimo dare fastidio, ma per rispetto di quel silenzio maestoso, gonfio, misterioso. Sembrava che in alto, sopra di noi, si fosse materializzata una città luminosa, con un suo piano urbanistico, i suoi snodi, le sue circonvallazioni, le sue arterie a raggiera. Quasi disegnata da una mente sovrannaturale. E con i suoi elementi indisciplinati: contammo in poche ore trenta stelle cadenti. Poi a un certo punto, verso le quattro e mezzo, la città iniziò a restringersi; a radunarsi, come obbedisse a un ordine, dentro una grande fascia bianca, adesso sì era la Via Lattea. Poi giunsero i primi chiarori, le stelle si diradarono nell'azzurro cobalto, e da dietro la foresteria che fu di Falcone e Borsellino si indovinò l'aurora. Giulia, Giovanni e gli altri esploratori del cielo andarono a farsi le loro due ore di sonno con la meraviglia negli occhi.

Già, Falcone e Borsellino. Fu forse la cosa più bella e commovente dell'ultima università itinerante. Come tutte le cose davvero belle, anch'essa non era in programma. Capitò infatti di tornare da un bagno al tramonto a Cala Sabina, la spiaggia più incantevole dell'isola, tra quelle consentite. E di passare davanti alla targa che ricorda i due giudici, affissa sulla Casa Rossa che li ospitò mentre scrivevano l'ordinanza di rinvio a giudizio del maxiprocesso. Vi si legge la celebre frase di

Borsellino, "Chi ha paura muore ogni giorno, chi non ha paura muore una volta sola", seguita da quella altrettanto celebre di Falcone sulla non invincibilità della mafia, che ha un inizio e avrà anche una fine. Una targa che dovrebbe essere monito; patrimonio civile. E invece avevamo saputo che le settimane prima che arrivassimo era sbiadita, praticamente illeggibile. Per questo un signore del posto di nome Gavino si era armato di un pennello a punta sottile e di un po' di inchiostro nero; e aveva ripassato tutti gli spazi incisi. Restituendo al luogo un senso. Da solo, senza che nessuno sapesse, per puro dovere civico. Giungendo lì davanti, gli studenti si erano chiesti a loro volta perché, a venticinque anni dalle stragi palermitane, non ci fosse nemmeno un fiore simbolico. E la risposta fu che l'isola è parco nazionale e i fiori non si possono toccare, mentre se si prendono a Porto Torres arrivano già spappolati dal caldo. Gli studenti non si arresero. Pensarono che il parco avrebbe volentieri ceduto un infinitesimo di sé per risultare più umano. Il giorno dopo presero pochi e piccoli fiorellini, specie non protette in dirupi sconosciuti, oleandri e fiori di campo, uno qui uno lì; li riunirono in un minuscolo mazzetto, confezionandoli con amore, e alla fine della serata, un po' dopo l'una, formarono un piccolo corteo in uscita dalla foresteria. In silenzio come il signor Gavino, solo lo scalpiccio dei piedi, li portarono sulla targa, fermandoli con scotch trasparente. Senza dire una parola durante i loro cento passi, senza un applauso. Fissando commossi il mazzetto e la scritta della targa, e pensando che la gratitudine passa anche per un pennello e fiori lunghi un dito. Marta e Giulia, che si erano incaricate della confezione, avevano le lacrime agli occhi. Li avevano anche Dusan, nato a Belgrado, e Patricia, nata a Città del Guatemala. Perché possono rompere i busti, imbrattare e demolire le stele. Ma, come raccontava quel gruppo di ventenni, la memoria non ha confini né di tempo né di spazio.

Alla fine, la domenica successiva a quella dell'arrivo, ce ne andammo. Il registro dei visitatori del carcere era zeppo di elogi per "gli studenti di Milano". I quali sul traghetto si asciugarono più e più volte le lacrime. Perché queste esperienze si vorrebbe che non finissero mai, è come se facendole si conoscesse una società immaginaria nella quale non sarà mai dato di vivere. Anche se poi una traccia la lasciano sempre: la speranza di un altro rapporto con la natura, di un'umanità in cui riconoscersi, di una cultura profonda. Così, all'incirca, scrissero Giulia, Laura e poi Elisabetta e Martina e Rita, in lettere bellissime che ho radunato sotto una scritta: prof.

RITRATTI

Forse a questo punto sarà nato in qualche lettore il desiderio di saperne di più: di conoscere più da vicino questi studenti o laureati o, per riprendere il termine generale a me più caro, questi "allievi". Il clima, il gruppo umano di cui partecipano e che anzi realizzano spontaneamente nel loro stare insieme e nel loro succedersi, si è probabilmente già materializzato attraverso gli episodi e gli schizzi fugaci. Ma di loro singolarmente, almeno di qualcuno, è possibile dire qualcosa? Proverò a farlo con alcuni ritratti, composti per altre ragioni in epoche diverse. Che non esaurirebbero la molteplicità delle storie e delle passioni neanche se fossero il doppio o il triplo o il quadruplo, perché il gruppo non lo puoi recintare, è materiale che sfugge appena cerchi di dargli un perimetro. Sono solo esempi, tra cui non compaiono fra l'altro molti degli allievi a cui sono più legato, e di cui già ho parlato. Però servono a scontornare meglio la storia collettiva che stiamo raccontando. A vedere più da vicino chi la popola e l'ha popolata. Ho scelto dunque chi, dopo i miei corsi, ha già fatto un tratto di strada, perché si possa meglio capire che non abbiamo fin qui raccontato una favola di fuochi fatui.

Alessandro, per esempio. Sembra un moschettiere del re. O un giovane profeta. Con la barba bionda e i lunghi capelli che si fermano prima delle spalle, gli occhi dipinti di un azzurro generoso, Alessandro Sipolo sarebbe tagliato, come attore, per molte parti di "buono". Fatto sta che da anni si guadagna la fiducia dei rifugiati che arrivano a Brescia, città simbolica per quegli esseri umani su cui oggi il mondo ricco si divide, se ricacciarli indietro o restituire loro la speranza. Alessandro ha scelto questo mestiere incerto e ne ha fatto un percorso di vita, rinunciando a un dottorato già vinto. Una formazione di sinistra, buon senso senza partito, principi solidissimi ma niente ideologie, ha sempre pensato di dovere legare la sua esistenza a una qualche grande causa. Per questo, appena conclusa l'università se ne era andato con il servizio civile internazionale in Sudamerica. Per un anno, dal marzo 2011. Ad Arequipa, nel Sud estremo del Perù. Con la Caritas ma inventandosi poi sul posto, in autonomia, un progetto originalissimo: di microcredito per le madri di disabili abbandonate dal coniuge. Da lì mi aveva scritto più volte per aggiornarmi su attività ed emozioni.

Quando è tornato in Italia non ha smesso di pensare agli ultimi. Alle folle che chiedono scampo dalla violenza e dalle guerre. Era incominciata un po' così, questa storia dei rifugiati, qualche iniziale dilemma sulla precarietà del lavoro che stava intraprendendo, poi ci si è buttato lo stesso anima e corpo, con orari che facevano polpette dei ritmi impiegatizi. E la missione di accogliere, di dare una casa, in un progetto gestito dal comune di Brescia, ove ora ha responsabilità importanti. Ma non si esaurisce qui il suo impegno sociale. Perché in provincia di Brescia e soprattutto sul lago di Iseo Alessandro è molto conosciuto anche per la sua militanza nell'anpi. Prese la tessera partigiana a diciassette anni, "appena è stata approvata la regola che apriva l'associazione a tutte le generazioni". Provaglio di Iseo: ecco il luogo delle sue altre battaglie civili. Uno pensa che sul lago e nelle valli che arrivano fino alle sponde non ci sia nessun movimento contro la mafia, e invece ci trova questo trentenne con i suoi amici che riempie sale, organizza eventi pubblici, ammonisce i più adulti contro il rischio della rimozione. Radicale e gentile. Perfino dolce, quanto sa essere secco nella difesa di ciò che non gli appare negoziabile nemmeno a parole.

Gentile come i versi delle canzoni che compone, poiché questo è infine il suo terzo volto, quello del cantautore. Che mostra con la chitarra una intimità fraterna. Sempre a portata se viaggia con gli amici. Pronto a sfoderare il repertorio dei grandi cantautori, De André, Guccini, De Gregori, Lolli, "anche se per la mia formazione devo molto alla Bandabardò". Ma con la vena di far sentire anche le proprie, di canzoni. Parole di poesia, musica fluida e invitante. Una voce da cantastorie romantico, non c'è nemmeno bisogno di dirlo. Un primo disco nel 2013, poi nel 2015 il nuovo, *Eresie* si chiama, "un po' più cattivo". Musica e parole sue, "ogni tanto per gli arrangiamenti ho amici che mi aiutano". E ora il successo alle viste, i concerti affollati.

Se gli si chiede quale sia la sua strada vera, se i rifugiati o il successo da cantautore, sorride imbarazzato. Poi risponde "tutti e due". I rifugiati per sentirsi "una persona varia, perché tutti, diceva Whitman, ci portiamo dentro delle moltitudini. Ma vorrei anche continuare a coltivare la mia parte creativa, a dare sfogo a quel che ho dentro". Cantare, d'altronde, è anche un modo per propugnare le sue cause. Dice in una sua canzone, *Migranti*: "Regolare è già ogni uomo / e ogni cuore è clandestino." E sua è l'unica, bellissima, canzone che abbia sentito sulla 'ndrangheta al Nord, *Le mani sulla città*.

Quando nel novembre del 2015 ha fatto il suo concerto vicino a Brescia, per presentare *Eresie*, partimmo con un corteo di auto dalla facoltà di Scienze politiche. Fu una festa, lo osservavamo a testa in giù dal piano di sopra, stava esattamente sotto di noi, a perpendicolo. Lui ci ha visto, è stato felice e ci ha ringraziato pubblicamente, facendo anche il nome del suo vecchio prof. Poi, all'università itinerante di Isola di Capo Rizzuto, è tornato tra noi e ci ha restituito alcuni dei brani più belli.

E che dire di Pierpaolo, oggi dottorando, ma soprattutto militante dell'antimafia in servizio permanente effettivo? Di lui ho già detto. Padroneggia benissimo il web, tanto da avere messo al mondo ben due figli: WikiMafia e MafiaMaps. Ma se gli parlate di comunicazione, e in particolare di comunicazione politica, c'è soprattutto una cosa che lo emoziona e gli mette i brividi. Un incitamento che arriva dai microfoni di una piazza piena di gente, da un palco imbandierato, e che suona così: "Casa per casa, strada per strada." Lo usava Enrico Berlinguer, che forse l'aveva imparato da ragazzo nel suo pci. E che lo usò senz'altro nel suo ultimo comizio di Padova, tenendosi a fatica in piedi in quel drammatico 7 giugno del 1984.

Altro che il web, altro che gli aperitivi o le discoteche preelettorali. Lì c'era davvero la bellezza della politica. Lì batte il cuore di Pierpaolo. E non bisogna stupirsi. Il padre, perito elettrotecnico morto quando lui aveva quattordici anni, aveva seguito la contestazione di Mario Capanna. La mamma, napoletana, è stata l'unica figlia comunista in una famiglia democristiana. Sopracciglioni alla Ciampi ma color carbone, Pierpaolo Farina è un tipo particolare (o forse molto normale) di giovane di sinistra. Polemico verso i partiti, ne trova ed elenca impietosamente i vizi e le magagne senza risparmiare nessuno. Aspro verso il pd, "senza ideali e troppo frequentato da chi si fa un baffo della questione morale", ma anche verso la demagogia di Grillo, benché buon amico di qualche grillino. "Mi toccherà votare il meno peggio," dice da tempo, sconsolato.

Per questo ha dato vita a un sito dedicato all'ultimo grande segretario comunista, www.enricoberlinguer.it, da cui si è poi staccato, come una costola, anche un blog di gruppo, www.qualcosadisinistra.it, in cui campeggia sempre la foto del leader amato. Un sito che cura con amore certosino, animandolo di mille polemiche: una media mensile di diecimila visitatori al giorno, una notevole abilità telematica, perché senza il web nemmeno questa sua passione per la vecchia e grande politica troverebbe cittadinanza nel villaggio globale. Ha anche curato per Melampo un libro intitolato – lo direste mai? – *Casa per casa, strada per strada*. Forse la migliore antologia di scritti e discorsi del leader comunista. A Berlinguer, a furia di insistere e raccogliere firme, è riuscito anche a fare dedicare una piazza a Milano dall'amministrazione Pisapia. Era il pomeriggio del 25 maggio del 2012, in occasione del novantesimo dalla nascita del "suo" leader. "Eravamo partiti nel giugno del 2011, il giorno dell'insediamento della nuova giunta. Cinquemila firme in città e diecimila in provincia. Ci siamo imbattuti nella classica querelle perché-Berlinguer-sì-e-Craxi-no, ma abbiamo mobilitato consensi e sostegni senza arretrare." Fino al grande giorno. Quel pomeriggio centinaia e centinaia di persone si ritrovarono intorno alle figlie del leader e a Giuliano Pisapia per l'inaugurazione di una bella piazza nella zona 6 della città, accanto a un grande centro culturale. E Pierpaolo si era mescolato in mezzo alla folla festante, ignara che fosse stato lui l'ideatore di tutto.

Con WikiMafia produce decine di iniziative in università (una partecipazione indimenticabile quando ha invitato il giudice Antonino Di Matteo nell'aula grande di via Festa del Perdono intitolata a Falcone e Borsellino). Vuole fare sapere, vuole capire e fare capire. Nessuno però pensi a uno sfaccendato. Pierpaolo è stato un brillante studente universitario (corso magistrale in Scienze sociali), ammesso e tornato a razzo dalla London School, dopo averne scoperto l'allergia verso i portafogli leggeri. Curriculum pieno di lodi e passioni genuine fuori dai libri. Studioso serissimo del fenomeno mafioso, e anche autore di saggi su riviste importanti. Quando sento dire, a proposito di qualche imbarazzante leader politico, che "non c'è nessun altro", io rispondo sempre, pensando a lui e ad altri allievi, "no, c'è Farina". Confidando che, dopo quintali di consigli da parte di chi gli vuole bene ("Lei non deve diventare il mio Balotelli," gli ho detto un giorno), sappia addomesticare un carattere spigoloso assai. E lasci spazio solo alla generosità nel darsi, che è altrettanto grande.

Poi c'è la storia di Mauro e Antonella. Ogni volta che ci penso (e mi capita di doverci pensare spesso, e capirete perché) mi dico "meno male che ci sono gli studenti". Meno male che c'è l'Erasmus. Altrimenti dormiremmo ancora il sonno dei gonzi. Perché tanti italiani si dannano e rischiano nel combattere la mafia, ma altri – in patria e all'estero – lavorano con allegra protervia a farne un marchio commerciale. Questione di soldi, di teste a punta e di accidie diplomatiche.

All'origine c'è appunto Mauro Fossati, un ragazzo nato a Milano e che allora aveva venticinque anni. Ha la faccia sveglia e impertinente. Quando studiava Comunicazione alla Statale di

Milano aveva deciso di andarsene all'estero in Erasmus. Destinazione Spagna, Universidad Carlos III. Il luogo è "un incanto", mi informava, essendo "nella cittadina di Getafe, alle porte di Madrid". Un campus come mai ne aveva visti in Italia. "Calcio, beach volley, pallacanestro, nuoto. Accesso in piscina per cinque mesi tutti i giorni a sessanta euro." Quanto a Madrid, "in questa città i mezzi pubblici funzionano benissimo, è una città molto pulita dove c'è quasi sempre il sole, dove la gente esce molto e la socialità è assai importante".

Mentre girava su internet per scegliere le trattorie della sera, però, Mauro scoprì con raccapriccio che qualcosa non funzionava. "Professore," mi scrisse, "navigando nella rete mi sono imbattuto in un sito di una catena di ristoranti italiani in Spagna, dal nome La Mafia, sono rimasto scioccato da come viene utilizzata questa parola, diventata addirittura un marchio per contraddistinguere la cucina italiana e noi italiani." Gli spiegai che succede anche in Italia. Che anche qua c'è qualche deficiente che propone "la pizza alla mafiosa", trovando regolarmente dei suoi simili pronti a eccitarsi alla sola idea del nome. Mauro andava a vedere di persona. E mandava messaggi sempre più increduli. "Le scrivo per informarla che venerdì sono andato a mangiare al ristorante La Mafia se sienta a la mesa. Questa catena è composta da 35 ristoranti-pizzeria dislocati in tutta la Spagna, uno si trova anche nella città di Porto in Portogallo. La clientela di ieri era prevalentemente composta da coppie di tutte le età, i camerieri sono spagnoli e sudamericani, infine sono riuscito a scoprire che il cuoco è italiano. Sono rimasto basito dalla semplicità con cui viene usato questo marchio 'la mafia', e dal fatto che all'interno ci siano appese immagini di scene dove si baciano le mani, o si spara. Un ristorante che rappresenta la cucina italiana e che ci rappresenta come dei mafiosi, favorendo lo stereotipo all'estero che noi italiani siamo tutti così, dei mafiosi!"

E ancora: "Quello che sono riuscito a scoprire finora è che questa catena è di franchising [...] Ho tenuto sotto controllo il sito della Mafia se sienta a la mesa in quest'ultimo periodo, hanno fatto nuove aperture di ristoranti e sono in grande espansione, almeno così sembrerebbe."

Decidemmo insieme che questa sarebbe potuta diventare materia per una tesi di laurea. Quali e quanti ristoranti? Quali iconografie e strategie comunicative? Quali menù e clientele? Organizzati da chi? Mauro registrava diligentemente: "Sono andato nel ristorante di una calle centrale di Madrid, quest'ultimo si trova in una delle zone più ricche della città. Appena arrivato di fronte al ristorante, subito mi ha colpito la vetrina con la scritta 'La Mafia' molto in grande e di colore bianco su sfondo nero. Entrato nel locale, ho avuto la percezione di un ristorante molto curato nei minimi dettagli e abbastanza di lusso, infatti anche il prezzo non è molto economico. Quello che ha richiamato subito la mia attenzione sono stati i numerosi quadri rappresentanti scene del film *Il padrino*. Oltre a questi poster del film, in tutte le pareti ci sono le scritte dei più importanti boss italoamericani, alcuni presi dalla pellicola e altri che penso siano reali. Ho mangiato una pizza, fra l'altro molto buona, in un piatto che mi ricordava dove mi trovavo, infatti era marcato La Mafia se sienta a la mesa. Terminata la cena, ha colpito la mia attenzione un articolo di giornale incorniciato e appeso al muro, che riportava in italiano l'articolo sulla cattura di Al Capone."

Così Mauro si laureò (bene) su un tema insolito e praticamente privo di letteratura. Dovetti dissuaderlo dal proposito più insano: fingersi un giovane milionario intenzionato a comprare la catena per scoprire i veri proprietari. Certo si trattò di una tesi un po' cara. "È chiaro, ogni pizza è stata una *cuenta* e non potevo esagerare, ma il materiale di ricerca raccolto è davvero interessante."

Mauro è poi rimasto a lavorare all'estero. Ha perfezionato il suo inglese, è andato in Brasile, ora è di nuovo in Spagna, dove è diventato un imprenditore turistico di successo. Ogni tanto viene a trovarmi, dopo essere stato tra i protagonisti dell'università itinerante dell'Asinara e avere fatto una puntata anche a quella di Ostia. Grazie a lui scrissi sul "Fatto" dell'indecenza in corso. Ponendo alcune domande dirette. Ma davvero i rappresentanti ufficiali del nostro Stato in Spagna non si sono resi conto di nulla? Davvero nessuno ha notato questo oltraggio permanente alla storia dell'Italia migliore? Nessun funzionario si è indignato per questo sconcio, ha pensato a qualche centinaio di vittime dello Stato che pure rappresenta, ha forcato e brigato con le autorità spagnole, ha posto un problema diplomatico? Quali licenze? Quali titolari veri e con quali investimenti? Se è avvenuto, noi non l'abbiamo mai saputo. Noi abbiamo solo saputo, da qualcuno che ci governava, che la nostra immagine era rovinata all'estero dalla *Piovra* e da *Gomorra*. Meno male che c'è l'Erasmus, scrissi. Meno male che ci sono gli studenti.

E infatti fu di nuovo un'altra giovanissima ricercatrice a ripropormi il problema un paio d'anni dopo. Si chiama Antonella Di Blasio e l'avevo conosciuta a Bologna mentre collaborava con la mia collega e amica Stefania Pellegrini (i prof, dovete sapere, aumentano i propri allievi anche grazie alla proprietà transitiva...). Il venerdì 19 luglio del 2014 Antonella fu protagonista a Granada di un gesto stupendo. Puro patriottismo risorgimentale. Era l'anniversario della strage di via D'Amelio: e lei, andata a cercar futuro in Spagna con un master, si mise alla testa di un gruppo di giovani italiani. Andò davanti a un ristorante appartenente alla stessa catena e affisse alle vetrine le copie di un volantino. Sopra c'erano la foto di Paolo Borsellino e l'immagine della devastazione bellica di quel pomeriggio del 1992. Sotto, le domande che suonavano come frustate. "Come fate a mangiare in un ristorante che inneggia a chi ha fatto tutto questo? Non vi fa vomitare?" "Che cosa direste se trovaste a Firenze o a Roma un ristorante con l'insegna eta os pone tapas?" In fondo al volantino compariva l'invito finale a non frequentare il ristorante finché non avesse cambiato nome, "per rispetto di tutte le famiglie delle vittime". Firmato: "Un gruppo di italiani indignati". Lo stesso volantino venne anche infilato sotto i tergicristalli delle auto in sosta tutt'intorno.

Di nuovo ne scrissi sul "Fatto". Aggiungendo che mi colpiva molto che a scandalizzarsi e a reagire a una vergogna offensiva per l'Italia civile fossero (solo) dei giovani privi di alcuna responsabilità di rappresentanza ufficiale del paese. Anzi, che a insorgere e a difendere l'onore dell'Italia, come era accaduto anche a Vienna di fronte alle salsicce "intitolate" a Falcone, fossero proprio i nostri giovani all'estero, benché "traditi" dal loro paese nelle proprie speranze di futuro.

Mauro e Antonella, dunque. Se qui vi ho raccontato le loro storie parallele, non è stato però solo per indicarli orgogliosamente a esempio. Ma è anche perché dopo che ne ha parlato "il Fatto" ne ha parlato anche "la Repubblica", finché la questione è giunta alla presidente della commissione parlamentare antimafia Rosy Bindi, e da lei è passata ai circuiti della diplomazia e al parlamento europeo. Il quale ha finalmente emanato una direttiva con il divieto per i locali pubblici di usare la mafia come marchio. Potenza dei giovani che studiano la mafia...

I ristoranti spagnoli obbediranno? Non lo stanno facendo. E di nuovo, a quanto se ne sa, nessuno interviene. Né da Madrid, né da Roma, né da Bruxelles. "Ma io starò qui a vigilare," ha assicurato Mauro. Speriamo che prima o poi lo facciano ambasciatore.

Impossibile, sfogliando questi pochi ritratti, non raccontare per analogia la storia di Ester, che negli anni ha conquistato notorietà nazionale. Ester Castano è uno dei frutti più esuberanti del laboratorio di Giornalismo antimafioso di cui ho parlato. Anche se in questa storia io non ho alcun merito, visto che la disfida di Sedriano, che fu aspra e dura assai, se l'è giocata tutta lei. Sedriano è un comune della zona sud-ovest di Milano, il primo della Lombardia sciolto per mafia. Accadde nel 2013. Ora quel provvedimento è parte pacifica della storia locale. Sindaco non mafioso, sia chiaro, ma consiglio comunale condizionato. Sono le insidie della mafia e dei contesti tolleranti. Ma prima c'era stata un'autentica battaglia. Non tra giunta e opposizione, ma tra un sindaco potente e una ragazzina con la passione del giornalismo. Un'autentica lezione per chi pensa che le cariche rendano intoccabili. Perché hai voglia a minimizzare, a ridicolizzare, a intimare. Alla fine le cose scoppiano in mano. E la pulzella che immaginavi di toglierti di torno con un soffio potrebbe avere la rivincita. È quanto è accaduto a Sedriano in una specie di copione a due interpreti, lui e lei. Lui era appunto il sindaco, Alfredo Celeste, comportamenti discutibili benché, secondo la giustizia, penalmente non rilevanti. Lei era la nostra giovanissima cascata di riccioli bruni: Ester Castano, allora ventidue anni, la classica cittadina senza potere, ma con il pallino del giornalismo dalla schiena diritta e la voglia di praticarlo in una piccola testata locale, "Altomilanese". Una giornalista tosta ma anche con un fiuto incredibile. Un giorno mi aveva cercato al telefono per dirmi che accanto a sé, in metropolitana, c'erano dei mafiosi, ne era certa, li aveva riconosciuti dal linguaggio e dalla conversazione. Mi aveva chiesto anche se doveva seguirli. Io le risposi se era matta. Lei lo fece lo stesso. Scese con loro in Duomo e li vide entrare in un locale in piazza Diaz. Ci entrò e si mise a fare colazione osservandoli, e ne vide uno andare verso il bagno con una valigia e tornarne senza. Non ci si crederà ma quindici giorni dopo quel locale venne chiuso per mafia.

Sta di fatto che dopo qualche apparizione televisiva dovuta alle sue denunce, Ester era diventata il bersaglio prediletto del sarcasmo e dei rancori del piccolo Palazzo di Sedriano. Da cui partivano telefonate imbarazzanti per chiedere a un presunto boss di organizzare un bel servizio d'ordine di giovanotti calabresi a tutela di Nicole Minetti (l'igienista dentale di Berlusconi), chiamata fra le proteste a dare lustro alla politica locale. E dai cui scranni Ester era stata invece una volta invitata a uscire dal consiglio comunale. Eppure, quella che all'inizio appariva solo una studentessa di lettere perditempo stava anticipando i tempi per tutti. A Sedriano si erano costituiti solidi legami di amicizie e parentele tra boss, collettori di voti e consiglieri comunali. Sullo sfondo lombardo, come se non bastasse, l'inchiesta sull'assessore regionale Domenico Zambetti, i voti comprati alla 'ndrangheta, l'*affaire* che ha schiantato la regione Lombardia di Roberto Formigoni.

Ma la vicenda di Ester non parla solo dello stato della politica. Parla anche dello stato del giornalismo. Per i compensi vergognosi. "Ho lavorato un po' per tutte le testate locali. Pensi che per un'emittente ho fatto trentasei servizi per ricevere cinquanta euro. No, il nome non glielo dico, se no gli faccio pubblicità." E per i pericoli che corre anche al Nord il suo libero esercizio. Educata, l'aria trasognata, una soave impertinenza che ne fa qualcosa a metà tra Biancaneve e il tenente Colombo, Ester finì sotto un attacco concentrico. Giunse la querela del sindaco. Riferendosi a lei e al suo direttore Ersilio Mattioni, un comunicato stampa del comune annunciava che i reprobi sarebbero stati dunque chiamati a fare i conti con la legge presso il tribunale di Biella, sede della tipografia. Ester replicò senza scomporsi. "Parlano di 'persistenti virulenti gratuiti attacchi contro l'amministrazione comunale' ma in realtà abbiamo sempre cercato di fare critiche documentate." E aggiunse: "Pensi che ormai quando vado a parlare in incontri pubblici mandano qualcuno a registrare e se poi dico qualcosa di scomodo passano a fare pressioni su chi mi ha invitato; è capitato perfino con l'anpi di Vittuone, contro la quale erano state minacciate ritorsioni per le autorizzazioni del 25 aprile. Che cosa ne penso? Che in effetti è un po' fastidioso." Disse proprio così: "fastidioso". Nonostante l'arrivo di munizioni e di bossoli in busta chiusa, nonostante le lettere minatorie e gli avvertimenti orali, o i tagli delle gomme dell'auto a lei e al suo direttore. Senza atteggiarsi a eroina, senza invitare nessuno a chiederle la scorta, cosa per la quale soprattutto la apprezzai, visto che allora era di gran moda farlo. Certo era in corso contro di lei la classica operazione di rovesciamento dei ruoli. I comunicati ufficiali del comune erano sprezzanti: "Per Castano i guai giudiziari valgono la notorietà e (forse) una luminosa carriera giornalistica. In una società liquida come la nostra, che ha sempre bisogno di novità e protagonisti veri o di cartapesta per funzionare, è riuscita [...] a farsi accreditare come una sorta di 'eroina' dell'antimafia, come una cronista che ha scoperto la mafia (immaginaria) a Sedriano, come una pulzella che senza macchia e senza paura ha svelato i favolosi intrecci fra mafia e politica [...]."

Quando lesse di questi attacchi in un mio articolo, l'avvocato Katia Malavenda, forse la massima autorità del foro milanese per i reati a mezzo stampa, mi telefonò indignata per dirmi che si metteva gratuitamente a disposizione della giovanissima giornalista. Non ce ne fu bisogno. Ester fu assolta. E il comune di Sedriano venne sciolto a causa della mafia "immaginaria". Mentre Ester è diventata una delle croniste giudiziarie più accreditate. Ecco: Mauro, Antonella, Ester. Václav Havel, il grande intellettuale e presidente ceco, lo chiamava "il potere dei senza potere".

Finora ho più volte evocato in queste pagine la cosiddetta fuga dei cervelli. Ma più sfoglio il mio album mentale più mi rendo conto che c'è anche una fuga dei cuori di cui è giusto parlare. Perché dunque non narrare di Valentina, espressione di una generazione speciale di "italiani nel mondo", quelli del cosmopolitismo solidale, splendido nuovo pezzo di argenteria del paese?

Valentina Limonta lavora oggi in Ecuador con l'agenzia delle Nazioni unite per i rifugiati (l'unchr). Minuta, lunghi capelli castani, riflessiva ed entusiasta di ogni novità, prese la laurea triennale andandosi a studiare sul campo le attività sorte su un bene confiscato nella Valle del Marro, in Calabria. Si era innamorata del tema della legalità e dell'impegno sociale. Un altro campo a San Giuseppe Jato e poi si trasferì all'estero, in Belgio, all'università cattolica di Louvain-la-Neuve. Master in Relazioni internazionali, specializzazione in Azione umanitaria, che vuol dire diritto d'asilo, rifugiati, ricostruzioni dopo emergenze, aiuti allo sviluppo. Un altro biennio di studi. Voleva fare esperienza, conoscere. E lo fece benissimo.

Perché scelse una tesi di ricerca su un tema inesplorato: il sostegno ai familiari delle vittime del conflitto armato in Colombia. Un campo teoricamente minato, dove ci si imbatte in forme di violenza del tutto diverse. Vittime della guerriglia. Vittime dei paramilitari, ossia i mercenari al soldo dei latifondisti. O vittime dell'esercito. Omicidi, sequestri, confische abusive di terre. E in più dai due ai cinque milioni di *desplazados*, sorta di esiliati interni. Una scelta di frontiera perseguita con tenacia. Si candidò a uno stage gratuito sotto l'egida delle Nazioni unite, un progetto nella regione del Cesar, nord-est del paese, dove una legge prevede forme di assistenza e di riparazione integrale per le vittime. Interviste, proposte, analisi dei bisogni. Valentina ci mise lo spirito di avventura della ventenne che vuole finire nei punti difficili della storia. Ma anche il paziente spirito di ascolto e osservazione richiesto in questi casi. Per conoscere la condizione delle vittime dell'America latina dopo avere voluto conoscere l'antimafia dei beni confiscati nel Sud del suo paese. Il cosmopolitismo solidale, appunto. Una tesi coronata dalla lode perché il cuore non esclude il cervello, anzi.

Poi tornò in Italia per pochi mesi. Si conquistò un po' di autonomia economica tra lezioni private di inglese, francese e spagnolo e si propose a una ong impegnata in un progetto importante in Perù. Si chiama aspem. "Vuol dire Associazione per la solidarietà con i paesi emergenti ed è di Cantù," mi spiegò. "Ci andrò con il Servizio civile italiano e lì collaboreremo con una associazione locale, codeh, impegnata sui diritti umani. Andrò a Ica, un centro a quattro ore di viaggio a sud di Lima. Quanti abitanti ha? È un problema," scoppiò a ridere, "le stime variano dai duecento ai trecentocinquantamila. Sta in mezzo a un deserto, zona sismica, è stata disastrata da un terremoto nel 2007. No, non mi preoccupano i disagi. Sono stata educata da piccola a questi valori, ho due genitori insegnanti, mia madre insegna alla scuola Rinascita al Giambellino, e forse oggi un po' rimpiange di avermi fatto crescere così, perché alla fine sono sempre lontano da casa."

Un giorno le domandai ammirato perché questo bisogno di andare lontano quando c'è tanto da fare in Italia. Sorrise e rispose così: "Be', io ho una laurea in Relazioni internazionali. L'ho voluta perché da ragazzi si pensa sempre di andare lontano ad aiutare. Ma io continuo a guardare all'Italia. Lo si capisce che c'è da fare anche sotto casa. Voglio farmi delle competenze per spenderle qui. D'altronde è alla mia età che posso andarmene in giro per il mondo senza vincoli e affrontando le scomodità logistiche. E in ogni caso tutto si tiene. Vede, il Perù ultimamente ha superato la Colombia nella produzione di cocaina, quest'area del mondo continua a essere uno dei punti di partenza di traffici e delitti che sconvolgono economie e Stati. Ogni progetto di miglioramento sociale sul posto quindi può avere effetti altrove, anche in paesi lontani. E poi lo sa? C'è una somiglianza impressionante tra l'Italia e quei paesi. Pensi che mentre ero in Colombia davano in tivù un serial intitolato *El patròn del mal*, dedicato a Pablo Escobar, il signore dei narcos di Medellin. Sembrava di rivedere *Il capo dei capi*. E il presidente colombiano, allora c'era Uribe, era il simbolo di un potere corrotto che cercava di sfuggire alla giustizia. Così quando raccontavo quel che accadeva da noi, mi dicevano: 'Ma allora l'Italia è come la Colombia.'"

All'inizio del 2017 Valentina mi ha scritto che dalla fine del 2016 vive a Esmeraldas, una città della costa settentrionale dell'Ecuador, a poche ore dalla frontiera con la Colombia, e che lavora con l'unchr. Mi ha raccontato del suo impegno per portare soccorso alle popolazioni dopo il terribile terremoto che ha colpito l'Ecuador: molti *pueblitos* distrutti, trentamila persone sfollate, i danni maggiori in due delle regioni più povere del paese, Esmeraldas e Manabi. Mi ha mandato anche alcune foto che la ritraggono al lavoro, aggiungendomi che ora, dopo l'emergenza, si sta dedicando all'assistenza delle persone che attraversano quotidianamente la frontiera ecuadoriana per sfuggire al conflitto armato che da più di cinquant'anni affligge la Colombia. Una lettera molto lunga, una specie di diario, denso di notazioni, provenienti *del otro lado del chargo*, dall'altra parte della pozzanghera, come dicono lì, intendendo l'oceano Atlantico. Una lettera chiusa con la speranza che la guerriglia colombiana si stia avviando alla fine. E lasciandomi con l'orgoglio che, nella sua situazione, questa giovane volontaria abbia trascorso ore per scrivere a me, al suo prof che sta sul *lado opuesto del chargo*.

"Sono nata la notte delle stelle cadenti di ventisei anni fa da due giovani migranti." Questa invece è Sara. Così mi rispose un giorno di alcuni anni fa fissandomi negli occhi. Mi parve fantastico. Esiste un modo più poetico di dare le proprie generalità? Sara Manisera è così. Timida e sognatrice, pronta a commuoversi ma fatta di granito, nemmeno ci pensa a lasciare le zone del mondo in cui è andata a vivere. Zone a rischio. Qualche tempo fa a rischio altissimo. Beirut. Le guerre civili, i cannoni, gli "attentati libanesi". Poi il viaggio in Iraq, sempre tenendo insieme le sue due missioni di vita: il giornalismo e la solidarietà da prima linea. Addosso, la vertigine del movimento, l'inquietudine di chi non può fermarsi mai. "E che ci devo fare? Furono figli del movimento i miei genitori. All'inizio a mio padre non volevano affittare le case perché stava scritto ad Abbiategrasso – il paese del riso e del grasso – 'non si affitta ai meridionali'; e i miei arrivavano da due paesini sperduti del Vallo di Diano nella provincia di Salerno. Poi qualcuno gli ha dato fiducia e la casa se la sono pure comprata, grazie anche ai sacrifici fatti dai nonni contadini, migranti a loro volta – sì, pure loro – nella Germania del dopoguerra. Che contentezza vedere i loro visi sorridenti quando mi sono laureata con quella tesi su *Agricoltura, caporalato e 'ndrangheta: il caso Rosarno*."

"Era un po' anche la nostra storia," spiegò Sara, "e lei vuole che non mi schieri con chi cerca una sua terra? Andai a Rosarno per vedere con i miei occhi quel crocevia di drammi umani e da allora me ne continuo a interessare. Da lì per me è cambiato tutto. Ho iniziato a scrivere dove potevo di caporalato e di agricoltura, di 'ndrangheta e di migrazione. Quindi ho deciso di partire. Prima per il Galles, dove lavoravo con bawso, un'associazione che si occupa di donne migranti vittime di tratta e abusi domestici. Poi sono andata in Spagna, a Tarragona, e lì ho iniziato il master in Relazioni del Mediterraneo e mondo arabo. Frequentandolo, ho sentito il richiamo del Medio Oriente: perciò la scelta di finire il master a Beirut, all'università Saint Joseph. È in lingua francese, se no come facevo?"

"Vuol sapere di Beirut oggi?" mi chiese la prima volta che tornò in Italia. "È città di contrasti terribili: da una parte ricchezza ostentata e modernità ingorda, dall'altra povertà assoluta e tradizioni ancestrali. Impossibile non notare quelle migliaia di persone in fuga dalla guerra siriana. Quasi un milione e mezzo su un territorio grande come il Veneto. Ho visto i fatti, ne sono stata coinvolta e ho visitato diversi campi profughi; sono anche riuscita a entrare in un cantiere edile, a fare delle foto ai ragazzi siriani sfruttati nelle grandi Building Estates."

E qui venne fuori la Sara dalla faccia tosta, che, sola e in trasferta, non pensa di essere un'italiana sconosciuta ma contatta niente meno che Al Jazeera, come fosse una famosa freelance. E propone l'articolo su quel che ha visto. E loro glielo comprano. Gli occhi blu di Sara si fecero a quel punto luminosi. "Capisce, prof? Mica come in Italia. Me lo hanno pagato bene, e mi hanno pure rassicurato che se poi per questioni di programmazione non l'avessero pubblicato me l'avrebbero pagato lo stesso. È un altro mondo. Hanno il petrolio? Certo, ma qui anche i giornali più ricchi ti sfruttano dandoti pochi euro." Spiegò il sogno di diventare giornalista in terre lontane. "Lì è diverso, mi hanno chiesto di intervistare il ministro del lavoro libanese e lui mi ha concesso l'intervista dopo pochi giorni..." Al Jazeera la mandò in Italia a fare un servizio su Mafia Capitale. A incontrare magistrati, sociologi, politici, tutti di stucco davanti a una salernitana dall'accento lombardo che li intervistava per la celebre testata araba. "Ci pensa? Basterebbe un servizio al mese, pochi altri lavoretti e mi mantengo. Ora torno in Libano per finire la tesi. Sto studiando il traffico di droga."

Solo università e giornalismo? La domanda era ironica ma lei la prese sul serio. "È vero, a volte penso di non fare abbastanza. Però cerco di darmi da fare anche lì. Ho fatto un tirocinio con un'associazione che si occupa di *desaparecidos* durante la guerra civile libanese; ho visitato il campo profughi di Tel Abbas, a quattro chilometri dalla Siria, con Operazione Colomba, un corpo di pace internazionale italiano; e ho partecipato diverse volte alla distribuzione di aiuti umanitari nel campo di profughi palestinesi a Shatila, sì, quello del famoso massacro compiuto dai falangisti cristiani insieme agli israeliani nel 1982. Un posto, mi creda, abominevole."

"Abominevole", "notte delle stelle cadenti". Sara parla così, durezza e poesia. Ci incontriamo una, due volte all'anno. Nel 2014 è venuta anche all'università itinerante di Cinisi, accolta in festa dai vecchi compagni che la amano. Durante un rientro in Italia mi ha raccontato indignata come un'intervista rischiosissima e assolutamente rara con un generale iracheno le fosse stata pagata centocinquanta euro da un grande quotidiano italiano. Ma al rientro successivo mi ha raccontato, stavolta con legittima soddisfazione, di compensi molto più alti, tutti ottenuti in Italia per servizi realizzati in teatri di guerra. Di rischiare la pelle sembra non importarle molto. È la vita che è un'avventura, sembra dire con quel suo stringersi nelle spalle mentre mia moglie, che le vuole bene come a pochi, la scongiura di stare lontana dalle bombe.

A questo punto, visto che si parla di giornalismo, devo però aprire un piccolo capitolo collettivo. È uno di quelli che sfoglio con più fierezza, perché è la migliore risposta che io possa dare all'accusa, untuosa e complice, di promuovere razzismo anticalabrese. È questa la taccia vibrante di retorica che spesso si è abbattuta su di me e sui miei ricercatori, colpevoli di denunciare la violenza e i veleni (soprattutto morali) della 'ndrangheta. E invece sarebbe istruttivo conoscere i giovani calabresi che proprio *grazie* al corso di Sociologia della criminalità organizzata hanno poi tradotto in denuncia appassionata l'amore per la loro terra. Tra loro tre giornalisti.

Una di loro è Adelia Pantano, autrice di una impegnativa tesi sulla 'ndrangheta a Lamezia Terme, che vidi letteralmente uscire dal suo bozzolo durante gli ultimi anni della vita universitaria. Era timidissima. Una volta scrissi di lei che "esce con qualche rossore dal suo guscio, in un film le farebbero fare la ragazza che rifiuta l'invito al ballo per pudore". E a lei piacque molto, ci si riconobbe in pieno. Dopo la laurea magistrale andò al master anticorruzione dell'università di Pisa e lì, arrivando per tenere una lezione, la ritrovai già un po' cambiata. Più sicura, più sciolta. Mi disse che sperava di arrivare al termine del suo nuovo percorso pronta a raccontarmi un finale diverso di quel film, in cui accettava finalmente l'invito a ballare. Seppi tempo dopo che scriveva sul "Corriere della Calabria". Le chiesi quindi subito di partecipare all'università itinerante a Isola di Capo Rizzuto. Lei ne fu contenta e vi portò, anche in dibattiti appassionati, la sua curiosità e l'orgoglio della sua terra.

Romanticamente calabrese è Claudio Campesi, che ha invece voluto dedicare la sua tesi di laurea a Giuseppe Valarioti, il segretario di sezione comunista ucciso a Rosarno nel 1980. Perché per lui raccontare quel grande episodio di politica onesta e combattiva nella piana di Gioia Tauro è stato un modo per riscattarsi, come ridare ossigeno all'anima, rivendicare pubblicamente la nobiltà della sua Calabria. Fosse stato per lui, anzi, di quella vicenda eroica avrebbe voluto raccontare ogni più piccolo dettaglio. Mentre io gli obiettavo che la sua era una tesi di sociologia, non di storia. Mi ha rispettosamente accontentato, anche se a malincuore. Quando abbiamo presentato la tesi nella serata della Meglio Gioventù è venuta a sentirlo tutta la famiglia, compresa la fidanzata. Si sono allineati sulle sedie uno accanto all'altro, a testimoniare simbolicamente la Calabria che non si arrende.

Un giorno, perché le storie vanno avanti, Claudio mi ha cercato felice come un bambino. Per dirmi che gli aveva scritto

Carmela Ferro, la fidanzata di Valarioti. Era venuta a sapere attraverso il mio blog dell'esistenza della tesi, lo aveva cercato e gli aveva chiesto di poterla leggere. "È stato bellissimo," mi ha raccontato, "si leggeva nelle sue parole proprio una sorta di ringraziamento per aver fatto rivivere il suo 'Peppe'. In questi giorni andrò a trovarla. Ho fatto una promessa a me stesso," aggiunse con giovanile solennità, "cercherò sempre di raccontare tutto ciò che di buono anima questa terra e di denunciare lo schifo che la degrada."

L'incontro c'è stato, e deve essere stato emozionante per tutti e due. Claudio mi ha detto che "la frase più bella che mi porterò dietro, e che voglio onorare impegnandomi nel quotidiano, è stata questa: 'È una gioia immensa per me vedere che esistono ancora giovani che vogliono cambiare e che mi dimostrano che Peppe non è morto invano.'"

In quel periodo Claudio si stava mettendo alla prova come giornalista in un importante quotidiano nazionale. Ma è voluto tornare in Calabria, per scrivere su un quotidiano locale. Credo che proprio l'incontro con quella "donna incredibile" abbia influito sulla sua scelta "di invertire la tendenza che vede tutti noi calabresi emigrare al Nord". Mi disse che "c'è tanto da raccontare e da scoprire. Le basti pensare che tra gli arrestati della maxi operazione..., figura tale..., che fino alla sera prima dell'arresto si trovava allo stesso bar in cui alcuni miei amici prendevano una birretta. Questa è la rappresentazione plastica delle storture che animano questa bella terra, dove brava gente (i più) e 'ndranghetisti vivono gli uni a un passo dagli altri."

Una sera mi ha mandato via mail una foto. Voleva spiegare con una metafora il senso del suo nuovo progetto di vita. "L'immagine più bella che per me rappresenta la Calabria è un piccolo miracolo della natura. Le ho messo in allegato una foto che raffigura l'olivarello di Palmi. Ecco che lo scoglio si fa emblema della Calabria, con le sue asprezze e le sue tortuosità, che paiono insormontabili. Eppure anche qui è riuscito a crescere, contro qualsiasi previsione, 'U livaredu', che si erge maestoso regalando un'immagine poetica." Sì, in quel contesto, "poetico" era davvero l'aggettivo giusto. Poetica la foto, poetico l'animo di chi l'aveva spedita. Claudio ha iniziato subito a praticare il suo progetto. Anche lui, con Adelia, ha partecipato all'università itinerante a Isola di Capo Rizzuto e mi ha ringraziato perché della Calabria facevo conoscere pure le cose belle, dai templi della Magna Grecia a Rino Gaetano. Ora ha realizzato il suo sogno: fa il giornalista nella sua terra. E ogni tanto mi manda i suoi pezzi più importanti.

Il primo studente calabrese a entrare in questo capitolo speciale fu però Matteo Forciniti, che, come ho detto all'inizio, ebbi il dono di trovarmi in aula al primo anno del mio ritorno a Scienze politiche.

Fece la tesi di laurea sulla libertà di informazione in Calabria, nel periodo in cui erano giunti all'apice gli episodi di intimidazione anche nei confronti dei blogger. Aveva gli occhi intelligentissimi, ridenti, e poiché – come ho spiegato – per mantenere una mia neutralità non facevo mai a lezione i nomi dei politici contemporanei, limitandomi a citare i fatti, lui veniva di soppiatto alla cattedra nell'intervallo o alla fine e mi chiedeva sottovoce con lo sguardo complice: "Ma chi era quel deputato? Chi era quel sindaco?" Scrisse una bella tesi. Ricca, documentata, ragionata. Alla laurea venne suo padre, arrivando in auto dalla Calabria, da Corigliano. Aveva portato per me una cassetta di mandarini del suo giardino. Me lo disse alla fine, chiusa la cerimonia ufficiale. Diversamente da altre volte, accettai il dono. Matteo mi aveva portato simbolicamente *la sua terra*, per la quale voleva battersi, come facevo a rifiutare? Una volta andai a Trame, il festival sull'editoria antimafiosa, a Lamezia Terme. Matteo lo seppe mentre era occupato come portiere notturno in un villaggio turistico. Fece un viaggio di più di un'ora per venirsi a prendere un caffè con me a mezzanotte, quindici minuti in tutto, poi tornò al suo villaggio. Ora è in Uruguay, voleva fare il master di giornalismo e l'ha fatto. Sta cercando di fare introdurre un insegnamento su mafia e narcotraffico all'università di Montevideo. Ogni tanto ci scriviamo. Giura di portarsi sempre dietro una domanda, come primo insegnamento del corso: "e io che cosa posso fare?" Nel novembre del 2016 è diventato papà di Mirko, "un bambino meraviglioso". Sono volate subito da lui la sorella, due zie e la cugina. Con il padre immerso nella più emozionante delle videochiamate. Matteo mi ha mandato la foto di Mirko e mi ha così salutato: "con la stessa passione di sempre".

L'incontro con Greta è stato invece tra i più singolari, slegato da qualsiasi ragione sociale. Si può dire che l'abbia conosciuta per caso dopo averla avuta come allieva per un corso intero. Un'ora dopo averle fatto l'esame. Le diedi 27, mi sembra. Era stata una delle ultime, la ricordo visivamente mentre attendeva il suo turno in assoluto silenzio, scrutando la cattedra con il viso piegato verso il basso, le gambe raccolte nelle braccia. Fu un viaggio doppio: stesso autobus, stessa coincidenza con il tram che porta verso l'estrema periferia sud di Milano. Quasi a scoprire attraverso lei le inquietudini, le speranze e le fatiche di una generazione a cui il futuro vorrebbe sbattere la porta in faccia. Ci riconoscemmo alla fermata, un saluto di cortesia, poi la conversazione sempre meno formale. "Vado a lavorare la sera ai bar dell'Autogrill al Fòrum di Assago," mi disse, "quando ci sono i concerti. Al secondo anello. Non è un bar fisso, ce ne sono diversi della stessa gestione. Ci fanno ruotare. Cappellino e magliette rossi. Ci chiamano a seconda delle esigenze. Stai dietro il bancone e servi caffè, panini e birre a tutto spiano. Insomma, è come se fossimo camerieri. La gente non è molto educata. Diciamo che quasi la metà dei clienti, soprattutto quelli sui quaranta, ci trattano male. Le faccio un esempio. Noi abbiamo l'ordine di vendere solo bottiglie stappate, è la regola dei pubblici spettacoli. Ma non c'è verso che certi clienti lo capiscano, le vorrebbero con il tappo per mettersele nelle borse. E allora ti dicono che sei incompetente, che non sai fare il tuo mestiere. Anche se c'è tanto di cartelli che avvisano. Una sera ho detto a uno: 'Ma secondo lei io mi diverto a stare qui a stappare? Le vuol vedere le mie mani come sono rosse?' Sono scorbutici, sempre sul piede di guerra. Diventano cattivi, non mi viene altra parola. Solo perché siamo ragazzi. Ti fanno passare la poesia del lavorare. A volte poi se vedono un immigrato al banco sono ancor più duri, gli parlano sillabando come se lui non capisse, mentre ci sono senegalesi e albanesi che sono fior di studenti universitari. Allora dobbiamo arrivare noi in soccorso."

"Al Forum," continuò, "vado con due o tre coetanee. Qualche volta, se ci chiama il Teatro della Luna, andiamo più eleganti, con la camicia e i pantaloni buoni. Usiamo l'auto dei genitori a turno perché la benzina costa. Abito a Opera, sto lì con mia madre, che fa la parrucchiera, mentre mio padre ha una ditta di confezioni. Ho passato la vita con mia madre. Prima l'accompagnavo quando andava dalle clienti nelle case, fa quel mestiere da sempre. Ma io non ho voluto seguire la sua strada, anche se da qualche anno ha un negozio tutto suo. Come manualità sono un cane. Ho scelto il liceo socio-psicopedagogico, perché mi interessano i fatti della società. Leggo, leggo molto, i libri sono il mio hobby, il mio proponimento è di leggere sempre di più. L'ho fatto a Pavia, il liceo, è poco distante da Opera; nelle scuole milanesi i miei avevano paura delle occupazioni e dei picchetti. Poi però sono voluta tornare subito a Milano. Perché mi sono iscritta a Scienze politiche? Un po' per esclusione. Certo mi sarebbe piaciuto fare Medicina, ma sapevo in partenza che non me lo potevo permettere. Tra i corsi umanistici preferivo quello di Comunicazione e società. Io vorrei lavorare comunque nell'informazione, rendermi utile alla società. Non capisco questa campagna contro noi di Comunicazione, quelli di scienza delle merendine, come se fossimo scarti, senza motivazioni."

"Io ce l'ho eccome la motivazione," aggiunse. "Vorrei fare il master in editoria libraria o quello in giornalismo 'Walter Tobagi'. Una specializzazione vera voglio, anche se so che poi il lavoro si impara sul lavoro. L'università me la pago con i miei soldi, ho la soddisfazione che per le tasse e il resto sono quasi autosufficiente, e metto anche da parte qualcosa per il master, chissà. Sarà difficile, ma alla fine penso che questi studi mi daranno qualcosa di buono. Sa, nella mia famiglia sono la prima che va all'università."

Il freddo del tardo pomeriggio entrava a sciabolate a ogni fermata dentro il tram. Greta cercava protezione dentro un giubbotto corto, chiamando in soccorso anche i lunghi capelli neri, e questo mi suscitò un guizzo di empatia. Raccontò il suo ottimismo di giovane che non campa di rendita, che lotta con i pregiudizi che gravano sulla sua generazione, sia che lavori dietro il bancone di un bar zeppo di gente infoiata sia che studi in università seguendo le sue passioni. “Faccio ventidue anni a marzo,” mi disse parlando con la serenità di chi non ha vissuto nella bambagia, e sa benissimo che non troverà ponti d'oro sulla sua strada. La sera di Natale aveva lavorato. E pure quella del 26. “Ma la sera della vigilia e la notte di capodanno no, quindi non mi lamento. Quanto ho preso? Sei euro e mezzo l'ora. Se li mette insieme sono dei bei soldini, sa?” Salutò ridendo il suo professore che scendeva. Le richiesi il cognome, già chiamato all'esame. La Gioiosa, mi rispose. Sorrisi. Mi sembrò un cognome profetico, come fosse stato immaginato su misura per lei.

Poi giunse il legame con l'impegno sociale. Nonostante si laureasse in Comunicazione di impresa, venne infatti a seguire il corso di Sociologia della criminalità organizzata, e poi addirittura chiese la tesi. Ne fece una bella e interessante sulla cooperativa di Libera Terra in Puglia, andando a studiare sul campo un bene confiscato.

Ci siamo incontrati di nuovo sullo stesso tram qualche anno dopo. Non l'avevo riconosciuta subito. Era più elegante. Mi ha detto che ha un fidanzato, e che lavora, anche se non nel giornalismo. Ma era allegra come sempre, era sempre Greta La Gioiosa.

Diverso, e più lungo, il rapporto con Azzurra. Dolce, educatissima, venne da me un pomeriggio in dipartimento. La trovai letteralmente sfinita dal mondo conosciuto fuori. E non era davvero una ragazza fragile. Con garbo disperato mi rovesciò addosso il suo racconto. “Questi sono problemi suoi. Capisce? Mi hanno detto così. E a quel punto non ci ho visto più. Ho messo giù il telefono incredula, indignata.” Rispettosa e quieta com'è, unico segno eccentrico un minuscolo piercing al naso, Azzurra Corradini diventò un fiume in piena.

Era stata una studentessa universitaria modello. Trentina di Rovereto, si era presa la laurea triennale a Milano perfettamente in corso, 106/110. Studiando e facendo uno stage di quattro mesi che la impegnava dieci ore al giorno. "Lavoravo più ore delle mie colleghe pagate regolarmente. Ero in una agenzia di comunicazione importante, che operava anche per la Kraft e la Philips; scrivevo comunicati stampa, davo una mano su tutto, aiutavo a organizzare eventi, l'ultimo una convention a Cortina con tutti i dirigenti Kraft, anche quelli non italiani. A me piaceva. Prendevo un rimborso per i pasti di trecento euro al mese e me lo facevo bastare per il vitto di tutto il mese. Non era uno stipendio ma pensavo che stavo facendo esperienza, che tutto sommato non avevo ancora una laurea. E che quello stage, per me che mi stavo laureando in Comunicazione e società, sarebbe potuto essere utile." La tesi di laurea la fece con me sul marketing territoriale del Trentino-Alto Adige. Una ricerca originale su come la regione coltiva e promuove la sua immagine. Che venne molto apprezzata dalla commissione di laurea. Lei allora telefonò alla società Trentino marketing Spa, della regione. Chissà mai che le interessi vedere la tesi. "Non ci pensiamo nemmeno," le risposero, "ma ha idea di quanti sono gli studenti che fanno la loro tesi su questa materia? Mica abbiamo tempo per riceverla."

Ferita nell'orgoglio, Azzurra ripensò alla fatica fatta per avere le carte in regola per un lavoro. I giovani venivano definiti da un importante ministro "bamboccioni"? Be', lei aveva iniziato ad andare a studiare all'estero a diciassette anni, quarta liceo scientifico, vicino a Monaco di Baviera, vincendo una borsa di studio regionale. Poi era andata a ventidue a fare l'Erasmus a Madrid, mentre si iscriveva al corso di laurea magistrale in Comunicazione di impresa e marketing a Milano. "Venivo alle lezioni delle otto e mezzo del mattino direttamente da Trento, ogni giorno. Non ce la facevo più a pagarmi il bilocale con le due mie amiche. Una cucina, un bagno, una stanza che dividevamo per tre, trecento euro al mese a testa. Troppo, ed era pure senza internet. A Madrid ho imparato lo spagnolo, il tedesco lo so quasi come una madrelingua, l'inglese lo so abbastanza. E allora in vista della laurea magistrale ho incominciato a guardarmi in giro. I miei genitori hanno altri due fratelli più piccoli da mantenere agli studi, non ho voglia di pesare."

Che fare? Azzurra consultò i siti universitari dedicati alle opportunità per gli studenti. Nessuna illusione, c'è la crisi. Spedì quarantacinque curricula, ricevette quattro risposte. "Quello che mi ha colpito è che in nessuna risposta era nemmeno contemplata l'idea di pagarmi. Alla Diesel mi hanno proposto cinque euro di buoni pasto al giorno da spendere solo alla mensa aziendale. Una società di Lugano mi ha spiegato che non dovevo aspettarmi molto di rimborso, che occorreva fare una verifica, ma che non me lo sapevano dire. Lo stesso un'altra agenzia di pubblicità. Poi mi hanno chiamato da Mediaset, una signora del personale. Mi hanno proposto uno stage full-time. Con flessibilità per il weekend, cioè la disponibilità a lavorare anche di domenica. Nessuna possibilità di inserimento finale. E nessun rimborso spese. Gratis, totalmente gratis. E io non ci credevo. E l'impiegata, con il tono altezzoso, che mi ammoniva e mi spiegava: ma guardi che noi siamo Mediaset, ma si rende conto che lei farà un sacco di conoscenze che potranno tornarle utili per la carriera? Allora io le ho detto: mi scusi ma se lavoro tutto il tempo senza guadagnare niente io come vivo? E lei a quel punto mi ha risposto: questi sono problemi suoi. È lì che non ci ho visto più. Ho viaggiato per imparare le lingue, ho lavorato da studentessa, per venire a seguire i corsi mi sono alzata alle cinque del mattino, ho la media più alta del 29, mi laureerò in anticipo. Ho fatto tutto quello che i giovani sono rimproverati di non volere fare. Dicono che non ci stacchiamo dai genitori, che vogliamo l'università sotto casa, che non sappiamo faticare, che non parliamo le lingue, che è per questo che restiamo disoccupati. Ma questi vogliono solo farci lavorare gratis. Perché dobbiamo essere costretti a lasciare tutto e andarcene all'estero per trovare un lavoro dignitoso? Ma è possibile che nessuno riesca a tutelarci davvero? La verità è che per noi ci sono poche speranze. È un sistema malato, prof, e poi qualcuno si lamenta che non ci sono più i valori di una volta, magari quello della famiglia. Ma scusi, come si può immaginare che un giovane pensi a costruirsi una famiglia quando non ha nemmeno i soldi per mantenere se stesso?"

Azzurra chiedeva, incalzava, e io sentii uno sgomento di fondo. Perché parlava di sé, è vero, ma parlava soprattutto di una generazione. Di una generazione che sa donare (lei stessa ha fatto volontariato con amani a Nairobi) ma che non riceve. E che la politica ha deciso ciclicamente di sbeffeggiare. Di una società che ha fatto della gioventù la sua ossessione, che vuole essere giovane, sempre più giovane, ma che i giovani *veri* vuole tenerli nel sottoscala, massa di riserva senza diritti. Perché sono "problemi loro".

Azzurra mi fu riconoscente per la comprensione che le dimostrai quel giorno scrivendo del nostro colloquio sul "Fatto Quotidiano". Volle che le facessi da correlatore anche nella tesi magistrale, me lo chiese come cortesia perché non era una mia materia. Fece una discussione eccellente. Tempo dopo sono andato a Trento a presentare un mio libro sulla mafia. C'era un signore distinto a intervistarmi, che mi sembrava di avere già visto da un'altra parte. Mi disse che era il padre di Azzurra. Che lei non era potuta venire ma che si era raccomandata con lui di salutarmi molto. Di dirmi che aveva trovato il lavoro che cercava, credo proprio alla regione, dove qualcuno aveva respinto un giorno la sola idea di vedere la sua tesi. E ne fui felice.

Così come sono felice della carriera che sta facendo Monica a Dublino. Con Monica Angelini ho un grande debito. Intellettuale, civile. Nel senso che fu lei a farmi conoscere un lunedì pomeriggio il dramma messicano, a raccontarmi quel che succedeva davvero in Messico. Instradando così in parte il percorso del nostro centro di ricerca negli anni successivi, di cui già ho raccontato. I narcos, il femminicidio di Ciudad Juárez, la strage degli innocenti. Lei era vissuta lì per qualche mese. E al ritorno aveva deciso che a quel dramma avrebbe dedicato la tesi di laurea. Non voleva occuparsi d'altro. Così fece prima Sociologia della criminalità organizzata, che non era nel suo programma di studi. E fu bravissima. Poi la tesi, una delle migliori che abbia mai presentato. Per qualche anno la invitai a tenere una lezione su quell'argomento nei miei corsi. Rinunciò a malincuore al lavoro precario che potevo offrirle. Fece ricerche altrove sul contrabbando di tabacchi. Nel tempo ci siamo sentiti e frequentati periodicamente. Finché, appena compiuti i trent'anni, è andata a Dublino.

E lì l'ho ritrovata durante un breve viaggio per l'Irlanda con mia moglie. Così, una sera a cena ha raccontato la sua nuova vita. La grande notizia era che lavorava all'antiriciclaggio, alla Citybank. E questo mi confortò molto. Dunque non aveva studiato le mie materie invano. Nonostante fosse lì da pochi mesi si era già appassionata al paese che la ospitava. Le piaceva, mi spiegò, l'abitudine a non perdere tempo sul posto di lavoro fingendo di faticare ("Qui chi resta fino a tardi in ufficio viene visto come un inefficiente"), la possibilità di coltivarsi, la bellezza del trovar musica ovunque, i menestrelli di Grafton Street e le ballate dei pub, e i celebri "cieli d'Irlanda". "E anche la generosità di un 'brava', di una pacca sulle spalle quando hai fatto bene il tuo lavoro, in Italia non usa e invece è importante." Le era stato affidato un compito di rilievo: "Monitorare dal mio dipartimento i rischi di riciclaggio da parte dei clienti e dei potenziali clienti della banca. Scientificamente. Sulla base di parametri che tengo rigorosamente per me. Per tutta l'Europa occidentale, un capitalismo finanziario tra i più sofisticati, che ospita e da cui partono le manovre più ardite e complici con la criminalità organizzata."

Me la guardavo con una certa fierezza, anche se evidentemente quell'incarico se l'era conquistato con la sua sola bravura. Pensai che faceva felicemente parte di quella generazione che ha rifiutato la solfa che la mafia al Nord non esiste e perciò reclama ovunque un'etica professionale a prova di mafia. "E oggi questo mi aiuta," mi spiegò, "mi dà un incentivo in più. Perché io questo lavoro non lo faccio come un'impiegata, ma proprio per contribuire a un'economia più pulita, per chiudere i varchi al crimine, per prevenire al livello grande il malaffare." Combattiva, era rimasta combattiva. Anche se il colore e la foggia dei capelli evocano immagini delicate di corti viennesi, Monica è una che sa battersi sul campo. Compreso quello di calcio, racconta ai suoi interlocutori sapendo di stupirli. Undici anni di agonismo calcistico da terzino con la maglia biancorossa dell'Atletico Milano. Le avevano anche proposto il Milan femminile in serie A2 ma non c'è stata storia, ha preferito laurearsi.

Logico che una così non ci mettesse molto per decidere di andare a Dublino. Quando l'agenzia incaricata della preselezione le chiese quanto ci avrebbe messo ad arrivare se fosse stata scelta, lei rispose venti giorni. Quindici di preavviso e cinque per trasferirsi. "In Italia ho imparato molto. E cerco di mettere a frutto quel che mi ha fatto male. Dove lavoravo prima, un centro di ricerca universitario, mi sentivo sottovalutata, talvolta maltrattata. Ma questo mi ha spinto a dare sempre il massimo. Ora ho i miei sogni. Vorrei specializzarmi, diventare brava davvero e far carriera, così da passare alla fase della produzione delle regole antiriciclaggio, e definire le norme e gli strumenti da applicare in banca. L'unica cosa che mi manca è la mia famiglia, i miei genitori. Vorrei esser loro d'appoggio. Quando ho comunicato a mia madre che venivo qui mi ha detto: non so se essere felice."

Mi spiegò però che per fortuna non lavorava in solitudine. Perché per un gioco del destino semplicemente pirotecnico aveva trovato nel grande dipartimento dublinese proprio l'amica del cuore di scuola e di Scienze politiche. "Abbiamo sempre studiato insieme. Si chiama Amina Attia El Tabakh. Se lo annoti perché se no non lo ricorda. Gliela faccio conoscere. Con lei abbiamo ricomposto un tandem fantastico." Già, un tandem di analiste antiriciclaggio. Entusiaste, competenti. All'estero. Chiamate una dopo l'altra da una delle maggiori banche al mondo. Nell'estate del 2017 Monica mi ha scritto e mi ha comunicato anzi di essere stata promossa responsabile di una importante unità operativa. L'Italia del riciclaggio dei capitali mafiosi, dei crack finanziari, dei paradisi fiscali e delle truffe bancarie non ne ha avuto bisogno.

Prima di chiudere questo album che non finirei mai di illustrare, voglio però sfogliare ancora una pagina. Quella di Gianmarco. E dello sbigottimento, al limite del dolore, che mi procurò una sera, uscendo da casa mia dopo una cena di gruppo con il presidente del senato Pietro Grasso, a cui avevo invitato, come sempre, anche un po' di studenti e ricercatori. E provateci voi, così a bruciapelo: "Prof, io me ne vado, mi scusi se non gliel'ho detto prima, ma non trovavo il modo." E come se non bastasse, dieci secondi dopo: "Stanotte parto per Napoli." Un nodo in gola. Uno degli studenti migliori, già laureato triennale, un animatore, anzi, un leader nato, uno che agli esami puntava diritto al 30, in piedi davanti a me a dirmi che se ne andava, fissandomi negli occhi come a chiedermi di capirlo. "La laurea magistrale non la prendo, per me è una storia chiusa. È da un anno che non do più esami, prof. Dopo la triennale ho fatto solo il suo e il laboratorio sulla camorra. Per il resto zero, non mi interessa più."

Gianmarco è energia e simpatia allo stato puro. Alto, riccio, scuro, occhiali, tre anelli nell'orecchio sinistro. Una passione civile inesauribile e una curiosità metà sbirro e metà scugnizzo incamiciate in una educazione da galateo, almeno con gli adulti. E con le signore quasi all'inchino. Ora stop, tutto finito. "Voglio andare nelle scuole difficili, nelle scuole di periferia. Lavorare con i ragazzi emarginati. Ma che educazione alla legalità si potrà mai avere se non si parte di là, se non si costruiscono sulla strada le basi di un altro modo di stare insieme, se non ci si sporca le mani?" Avevo voglia a dirgli che la laurea magistrale, roba di ancora uno, due anni, sarebbe valsa poi per tutta la vita. Che un concorso, un ruolo incisivo, anche su questi temi che gli stanno a cuore, sarebbe potuto dipendere domani dal titolo di studio. Avevo voglia a spiegare che l'illegalità nasce anche in mezzo a signori benestanti che le buone maniere sanno usarle e mandano le figlie ad affinarle nei collegi svizzeri. "È un anno che lavoro con i ragazzini e con gli studenti delle superiori. Sono stato invitato nelle scuole: al Pertini, alla Immaginazione e lavoro, un professionale per baristi o parrucchieri, dai salesiani a Sesto San Giovanni. Io parlo ai ragazzi di legalità e democrazia, anche di lotta alla mafia, e loro mi stanno a sentire. Con la Munari abbiamo fatto i giri della memoria per la città. Pensi che gli insegnanti mi chiedono a volte come faccio a tenerli attenti, perché loro non ci riescono. Insomma, vedo che quando ci parlo, coi ragazzi, scatta un'intesa stupenda, che in gruppo si possono fare belle cose. E ci voglio provare. Lo vuol sapere qual è il mio luogo ideale, quello in cui mi sono sentito più realizzato in vita mia? È piazza Magione, a Palermo, dove il 23 di maggio, per l'anniversario di Falcone, andiamo da anni a lavorare con i bambini più piccoli delle scuole di tutta Italia. Disegni sui giudici e su Libero Grassi, oppure i cruciverba antimafiosi."

In realtà l'avevo fiutata da poco, da troppo poco, questa virata improvvisa. L'interesse per i maestri di strada di Napoli, la lezione alla nostra Summer School del loro presidente, Cesare Moreno, il grande insegnante sempre in sandali. Ecco perché voleva venire a sentirlo; io non lo sapevo ma lui con Ilaria D'Auria, un'altra mia allieva studiosa di storia e di ballo, aveva già partecipato (gli unici due del Nord!) a un bando per un corso di formazione per educatori a Napoli proprio con il maestro di strada per antonomasia. E certo si era convinto ancora di più della sua scelta sentendo che proprio un mito come Moreno non è laureato ("non chiamatemi dottore").

Davanti a questo addio accademico non riuscii a tradire il magone. "Ma no, prof, sono i frutti del suo insegnamento. Lo ricorda che cosa ci ha detto il primo giorno in aula? Ha citato Machado: 'La strada non c'è, la strada si fa camminando.' Ecco, è proprio vero, si fa camminando..." I frutti del suo insegnamento... Chissà se lo pensava davvero Gianmarco Crescentini, origini marchigiane, mentre cercava di gettare un nuovo ponte affettivo nel momento della partenza. Magari diceva la verità.

E in effetti se un po' ripassavo al rallentatore la sua giovane storia forse potevo trovare i segni premonitori. Ecco la tesi di laurea triennale su padre Pino Puglisi, il prete che ha fatto antimafia educando i bambini all'oratorio, tirandoli via dalla strada di Brancaccio con qualche preghiera e molti giochi e risate. Ecco quelle espressioni rapite al corso di Sociologia e metodi di educazione alla legalità, quando parlavamo di don Milani e don Gallo, di Basaglia e don Ciotti, o quando era venuto Aurelio Grimaldi a raccontare *Mery per sempre* e il carcere minorile Malaspina di Palermo. O quando avevamo incontrato Mimmo Sorrentino, il regista del teatro delle detenute di alta scurezza di Vigevano. Non perdeva una parola e prendeva appunti come nemmeno un professionista. Il risultato è che non l'ha mai dato e non lo darà mai quell'esame, Gianmarco. Si illuminava, sognava, ma andava da un'altra parte. Perché la strada si fa camminando.

Oggi Ilaria fa l'educatrice dei bimbi rom per il comune di Milano. Gianmarco invece è impegnato con Libera su Milano e provincia. Va nelle scuole a parlare di mafia e di legalità con i ragazzi, anche i più difficili, anzi, meglio se difficili. Lo cercano per tutti i progetti, anche chi vuole fare viaggi, o teatro o incontri speciali. Dicono che bravi come lui ce ne siano pochi. Chissà dove lo porterà il suo cammino.

ALL'ESTERO

Si può pensare che una tale epifania di fatti ed emozioni basti e avanzi per spiegare perché consideri la mia professione come "scesa dal paradiso". Le soddisfazioni morali, la lievitazione di una coscienza antimafiosa diffusa nella grande Lombardia, la fondazione di associazioni o di siti di informazione, i fenomeni di imitazione, la produzione di esperienze artistiche, la nascita di ricercatori e specialisti. Ma poi c'è anche altro. Che rende il tutto più imprevedibile, più carico di promesse. Ed è la disposizione quasi naturale di questo meccanismo collettivo a espandersi nello spazio, addirittura a trasferirsi all'estero. In forme ovviamente meno radicate e continuative, ma sempre capaci di aprire per strategia o per istinto nuove strade. La premessa necessaria è che i nostri giovani all'estero portano spesso con sé, nelle proprie personali esplorazioni in veste di studenti Erasmus, di borsisti, di dottorandi o di ricercatori, ma anche nelle proprie esperienze commerciali o professionali, una specie di marchio pregiato, tipico del loro tempo: la cultura dell'antimafia. Imparata nelle scuole, coltivata nelle attività praticate o annusate con Libera o con altre associazioni. Insomma, dopo che la mafia è stata il principale contrassegno, ciò che ha dato immagine nel mondo al nostro paese più che gli spaghetti, l'arte rinascimentale, il mandolino o la moda, le nuove generazioni stanno spontaneamente esportando un altro, opposto *made in Italy*: l'antimafia, appunto.

Ed è uno spettacolo stupendo a vedersi. Gli italiani che portano il verbo dell'antimafia, che si mettono alla testa di nuovi sentimenti collettivi, che raccontano il loro paese attraverso le leggende dei propri eroi civili, costituiscono una delle più grandi novità che si potessero immaginare. Di cui dovrebbero essere ringraziate migliaia e migliaia di giovani, venuti a confermare nella cultura e nel senso comune ciò che, a livello internazionale, era già stato annunciato dalle qualità superiori dei nostri magistrati e delle nostre polizie.

Potevano i miei laureati o studenti all'estero rimanere estranei a questa grande corrente vivificatrice? Potevano, proprio loro? No di certo. Così, ovunque andassero, hanno preso a stabilire contatti in ogni direzione, talora anche ingenuamente. A parlare di quello che hanno imparato in patria, a farsi messaggeri di un movimento che sentono l'orgoglio di rappresentare. Sarah Mazzenzana è stata una di loro. Era in Germania con un Erasmus alla Freie Universität, per studiare storia del pensiero politico contemporaneo. Volle fare con me la tesi di laurea sulla mafia russa, la fece bene ("E senza sapere leggere il cirillico le assicuro che è stata un'impresa," sbottò al termine). Poi ripartì per Berlino. Aveva vinto una borsa di volontariato europeo con l'associazione Mafia? Nein Danke!, nata per iniziativa di italiani – un gruppo di ristoratori, la futura deputata nazionale Laura Garavini – all'indomani della strage di Duisburg del ferragosto del 2007, quando dei giovani di San Luca si erano massacrati davanti a una pizzeria. E, dovendo organizzare un importante convegno sulla mafia in Germania, volle avere tra i relatori il suo prof, di cui aveva parlato ai nuovi amici. Era il febbraio 2014. Giungendo a Berlino la trovai eccitatissima per quella "prima volta" di cui si era presa la responsabilità con un pugno di persone. E quando mai era accaduto lì che si mettessero insieme per due giorni magistrati, sociologi, giornalisti, funzionari europei, politici, poliziotti, esponenti di associazioni a discutere di quella materia? "Ho l'adrenalina al massimo," mi disse accogliendomi. E non per caso. Un convegno del genere era già stato provato da altri volontari a Londra. Risultato: meno persone nel pubblico che tra i relatori. Mafia? Nein Danke! avrebbe dovuto fare la differenza, e in effetti la fece. Tema, la confisca dei beni, questione accidentata anche in Italia.

Era da tempo che non ci rivedevamo. La osservai mentre si muoveva in frenesia, traducendo con gli ospiti ora in inglese, ora in tedesco, ora in spagnolo, lei nata in un anonimo paese ai bordi di Milano, e forse per la prima volta avvertii la felice nemesi storica, quella appunto dei giovani italiani che se ne vanno a combattere la mafia per il mondo dopo che gli italiani ce l'hanno portata, e mentre altri italiani ancora ce la portano. "La maggior parte dei processi per riciclaggio che si fanno in Germania sono contro organizzazioni italiane," confermò infatti subito Bernd Finger, un bravo e saggio capo della polizia berlinese da poco in pensione.

La sala dell'hotel si era riempita proprio mentre in città era in corso il festival del cinema. Sarah curava i dettagli organizzativi, cuciva i rapporti tra i presenti, d'intesa con Gabriella, Sandro e Luigino, un impareggiabile marchigiano con moglie e figlio tedeschi, di cui diremo dopo, e che di Mafia? Nein Danke! è il tesoriere e segretario.

Scorgendo la soddisfazione con cui la guardavo si schermì: "Pensi che sono di Barbaiana, vicino Rho, zona di fumi e inquinamento." Scoppiò a ridere: "Come dire che sono nata nella bomboniera della Lombardia. E ho fatto il liceo linguistico ad Arese in una scuola con un nome che mi è rimasto addosso, Falcone-Borsellino!" E aggiunse ciò che rende questi giovani degni di ammirazione, altro che le rampogne di improvvidi ministri. "Quando venni a stare qui la prima volta andavo a lavorare di sera nei ristoranti. Ci lavoro ancora nelle sere dei week end, perché quel che prendo con il volontariato non mi basta, anche se Berlino costa meno delle grandi città italiane."

Sotto la montagna di capelli ricci e gli occhiali grandi e quadrati, si mordeva spesso le labbra. Spiegò che la battaglia contro la mafia aveva un che di quotidiano. "Qui nei ristoranti ogni tanto trovi un po' di apologia della mafia. L'altro giorno ho discusso in un locale italiano con il gestore, che poi era un albanese. Gli ho chiesto perché quei menù con i nomi evocativi della mafia. Perché quel clima di compiacenza. E lui rideva. E si incuriosiva che io me ne scandalizzassi. Per lui era folclore, qui in tanti continuano a pensare che sia folclore." Lamentò che con il convegno purtroppo non erano riusciti a sfondare molto sulla stampa locale, anche se era venuta la rai. "Qui la questione delle confische dei beni non è molto sentita. Confiscano il denaro, i beni mobili, ma gli immobili e le aziende no." Vero. Lo avrebbe chiarito benissimo subito dopo al tavolo dei relatori una magistrata, Petra Leister, per la quale le organizzazioni mafiose sembravano uno sbiadito fantasma: non abbiamo tempo di pensare a queste cose, disse.

Le chiesi prima di tornarmene a Milano che idee avesse per il futuro. "Vuol sapere se resterò qui? Oddio, a me piace da impazzire il mare," rispose subito. "Però qui ci si sono grandi opportunità. È un contesto che mi arricchisce. E poi, soprattutto, l'idea di combattere la mafia da italiana all'estero mi dà un senso di utilità bellissimo. Sto facendo qualcosa che mi interessa e che mi ha aperto il mondo." Le chiesi ancora solo una cosa, perché si chiamasse Sarah con la "h". Mi rispose imbarazzata e intenerita: "Ma davvero lo vuol sapere? Fu una scelta di mia madre, che lavora nell'assistenza ai disabili. Voleva che avessi un nome con cinque lettere. Come amore."

Sorrisi, e partendo la ringraziai di avere pensato a me per quel convegno. Ma Sarah aveva un progetto più grande. Voleva che insegnassi a Berlino, in una delle università cittadine. Se occorreva combattere la mafia, questo era il suo pensiero, bisognava che accadesse quel che era accaduto a Milano; che qualcuno insegnasse ai giovani tedeschi che cos'è il fenomeno mafioso. E desse nuovi strumenti di analisi anche ai giovani italiani presenti per qualsiasi motivo in città. Aveva un chiodo fisso: Francesco Sbano, giornalista, fotografo. Purtroppo per qualche anno era stato lui il cantastorie dell'Italia in Germania. Un video, *Uomini d'onore*, e le "canzoni di mafia". Con la stampa tedesca in sollucchero per tanto folclore, che ribadiva la diversità culturale e anche etnica del popolo degli spaghetti.

Così Sarah prese contatti, scrisse lettere, chiese incontri, raccontò di me, sempre a mia insaputa. E poi mi diede la notizia: "Prof, alla Humboldt sarebbero disposti a farle fare un corso." La Humboldt... Mi ricordai di colpo che un giorno di un paio d'anni prima ero passato davanti a quell'università, nel famoso viale dei Tigli, e mi ero detto che mi sarebbe piaciuto da matti insegnare lì dentro. Ci aveva insegnato Weber, ci avevano studiato Marx, Engels e Schopenhauer. Felicità, appunto. Obiettai che non sapevo il tedesco. Ma Sarah aveva pensato a tutto. Si era messa d'accordo con il dipartimento di Romanistica. Lì gli allievi che avevano inserito italiano tra le lingue dovevano fare lezione in italiano. Poi ci sarebbero stati senz'altro i nostri borsisti e ricercatori più interessati.

Fu così che nel gennaio del 2015 iniziai l'avventura, che ancora continua, di tenere corsi e seminari in università tedesche. Un'esperienza esigente, anche se appassionante. Non hai la più pallida idea di chi incontrerai. Devi rivedere prospettive, temi e linguaggio per nuove e più ristrette platee. Che cerchi di coltivare, temerariamente fidando nel principio che il "moltiplicatore pedagogico" possa funzionare anche lì. Alla Humboldt mi accolse Roberto Ubbidiente, studioso di letteratura italiana, in particolare di teatro napoletano. Le lezioni erano alle otto del mattino, iniziavano nel buio dell'inverno berlinese, in aule sempre diverse. Trovai una trentina di allievi, di più o di meno a seconda dei giorni. Feci un corso sui meccanismi della mafia "in trasferta", dalla Lombardia alla Germania. Dato il dipartimento, diedi molto spazio all'analisi dei processi culturali. Poi da lì tutto si allargò a raggiera. Con gioia di Sarah, il moltiplicatore pedagogico funzionava davvero.

Tra le allieve trovai Verena, una dottoranda con la vocazione del diritto e una borsa a metà tra Milano e Berlino. Stava studiando la legislazione tedesca sul riciclaggio. Leggero accento veneto, di San Martino di Lupari, provincia di Padova, laurea a Milano e master in Sudafrica, incarnava una volta di più il prodigioso cosmopolitismo di tanti giovani italiani della provincia più profonda. Anche Verena era stufa delle canzoni di quello Sbano. Cercava di spiegare ai coetanei tedeschi che non erano folclore, ma apologia di ciò che a loro faceva più schifo. Parlava spesso con Michele, un giovane avvocato italiano arrivato a Berlino per amore. Anche lui non ne poteva più e veniva a lezione quando il lavoro glielo permetteva. La sua partecipazione mi era stata resa preziosa da una frase: "Mi vergogno un po' a dirlo," confessò un mattino con qualche imbarazzo, "ma sono calabrese. Di Altomonte, un piccolo paese in provincia di Cosenza", e mi spiegò in un attimo l'effetto devastante della presenza e della propaganda mafiosa sul senso di identità degli italiani onesti.

Anche Verena ebbe l'istinto di Sarah. Volle parlare di me nella sua facoltà di giurisprudenza. Sostenne con alcuni giuristi la necessità di studiare la mafia. E ottenne di potere organizzare anche lì con me un seminario sull'espansione mafiosa, stavolta in inglese, il suo – sempre a proposito di cosmopolitismo – segnato da un curioso accento tedesco. Una rete di giovani e meno giovani italiani di nuova cultura civile si andò ritrovando velocemente intorno all'esperienza che stavamo facendo alla Humboldt. Mafia? Nein Danke! faceva da riferimento con le sue volontarie (sì, soprattutto donne), da Vera, borsista friulana di ottimi studi, a Marta, vulcano marchigiano di nemmeno vent'anni. Coinvolgeva, questa rete, gestori di locali dai nomi evocativi (Oblomov, per esempio), giornalisti, insegnanti, giovani professionisti in cerca di opportunità nella più effervescente capitale d'Europa. E integrava una quantità di tedeschi amanti dell'Italia, di quelli che imparano l'italiano per studiarne meglio la letteratura, e fanno spesso viaggi nelle nostre città. C'era la libreria italiana che mi invitava a presentare libri, l'Istituto italiano di cultura, c'era anche il locale circolo del pd. Facemmo riunioni serali anche al Cento passi. Café e Winebar. Quel locale, aperto in Krossener 36, era anzi l'immagine plastica della nuova Italia all'estero. Mentre "altri" sfoggiavano i lussi del riciclaggio, loro, Domenico di Bagheria e Fabrizio il sardo, portavano impresso sulla pubblicità del loro locale il volto di Felicia Impastato, la leggendaria mamma di Peppino. Per dire a tutti da che parte stanno.

Gli incontri si sono moltiplicati. Anche alla Freie Universität. Anche nelle scuole con insegnamento dell'italiano. Mafia e cinema come argomento in grado di far da "ponte" subito, soprattutto se la mia presenza era richiesta per un singolo incontro. E poi, progressivamente, in altre città tedesche. Come a Dusseldorf, ad esempio, dove trovai una attivissima associazione femminile. Si chiama Italia altrove, la guida Chiara Leonardi, professionista milanese figlia di un signore calabrese originario proprio di uno dei paesi che sognano di colonizzare il mondo, ma orgoglioso della figlia che cerca di impedirglielo. Donne decise a fare da avamposto di un paese che scricchiola. Scese in lotta contro l'immagine di un'Italia di scandali, mafia e nuove messaline al potere. Perché ci sono stati anni "in cui a teatro parlavamo tra noi in tedesco per non farci dire con sarcasmo 'lei è italiana, Berlusconi, bunga bunga'". Sono un centinaio, non una conventicola sparuta. Insegnanti, consulenti d'azienda, quadri dell'industria, architette, traduttrici, casalinghe. Promuovono le novità letterarie, musicali, teatrali, civili del loro paese. Ma anche visite guidate in italiano e attività sportive. "In fondo," mi spiegarono, "le comunità francesi, inglesi, americane, hanno le loro associazioni. Non vuol dire chiudersi. Vuol dire coltivare una propria identità, per integrarsi con più autostima nella società che ci ospita. Noi vogliamo dare un'immagine dell'Italia che sia all'altezza della nostra storia." Mi annotai i nomi che fanno da apripista per la cultura antimafia, anche loro lavorando con le scuole: Chiara, Alessandra, Ersilia, Eva, Christina, Elvira, Pina, Saskia, Rosetta, Erika, Elena, Annalisa, Mary, Simona... e Federica, veronese che alleva i suoi due ragazzi nel borgo fiabesco di Kaiserswerth, davanti alle chiatte del lungoreno, aria da monella e simpatie grilline.

C'era anche Manuela, a Francoforte, che ha portato da Dusseldorf l'esperienza di Italia altrove, di cui era stata fondatrice. Ad Amburgo ebbi una sera la sorpresa di vedere Eleonora e un suo gruppo di amiche mettere in scena, in teatro, il mio *Le ribelli*, dedicato alle donne "che hanno sfidato la mafia per amore". Restai conquistato da quell'impegno, dalla sola idea che la rappresentazione alla quale stavo assistendo aveva comportato letture, discussioni, prove, emozioni, il superamento di questioni tecniche, logistiche ed economiche: e tutto per dar voce, lì nell'estremo nord della Germania, nella grande città portuale rifatta stupendamente da cima a fondo, a donne umili, sconfitte e spesso sole, lontane nello spazio e nel tempo.

A fare da perno di questa rete di università, di scuole, di associazioni, a governare strategicamente gli inviti in cui prendeva forma il moltiplicatore pedagogico stava però un personaggio particolare, di cui devo dare conto, perché altrimenti sfugge l'idea che ogni rete, anche la più complessa, anche la più larga, ha alla fine un suo centro, fatto di poche persone, che a loro volta scelgono spontaneamente il "centro del centro", magari sconosciuto a molti che alla rete si rivolgono. Nel mio caso, se tutto era partito da Sarah, c'era però sullo sfondo, ad approvare e incoraggiare, quello straordinario Luigino segretario e tesoriere di Mafia? Nein Danke! Non studente in senso stretto, anche per via dell'età ormai matura. Ma certo studente assiduo e sempre puntuale delle mie lezioni. Alle quali veniva con tre obiettivi: studiare la materia; studiare me come docente; studiare gli altri studenti, uno per uno, per capire come far funzionare al massimo il moltiplicatore.

E in effetti: come non parlare a questo punto anche di Luigino? È lui il nume tutelare dei giovani italiani che portano nella capitale tedesca il soffio dell'antimafia. Vive lì dal 1982, da quando c'era ancora il Muro. Vi giunse da ingegnere meccanico e subito si industriò da cameriere per mantenersi. Vedendolo arrivare da lontano sulla sua bici e sotto il berrettino di lana grigio, potresti indovinargli qualsiasi mestiere di popolo: postino o artigiano, tipografo o infermiere. E invece Luigino Giustozzi, marchigiano di Montecosaro, provincia di Macerata, si è guadagnato sul campo il soprannome di "re di Berlino". E se negli anni scandalosi delle leggi berlusconiane rinunciò per protesta, lui sì davvero, alla cittadinanza italiana e scelse quella tedesca, in realtà si sente italianissimo. Quando a Berlino accade qualcosa di buono per il nome dell'Italia, lui c'è. Sulle prime lo diresti un habitué. Poi scopri che ne è il regista discreto. Sempre sotto traccia, come molti veri comandanti. Non importa se la sede di Mafia? Nein Danke! è una stanzetta messa a disposizione da un'associazione, l'ane, dove si fa fatica perfino a mettersi in rete col computer. Perché poi per le discussioni e la tessitura delle relazioni c'è casa sua, trasformata in corte reale. Un pianterreno a Kreuzberg, il grande quartiere operaio e punk, turco e artistico, a sud della città. Con giardinetto e piccolo plesso interno. In questa minuscola reggia Luigino si trasforma in anfitrione culturale e politico. E anche gastronomico, perché in cucina sa fare tutto. Il pane? Ha imparato una domenica andando a osservare il cuoco da 'A Muntagnola, il ristorante lucano di Pino, l'ex assessore alla cultura di Scanzano Jonico, che fu rifugio di Claudio Abbado nelle sue sere berlinesi. Le meringhe? Ha imparato a Bologna, durante l'università. Le zuppe, la specialità in cui eccelle e per cui va famoso? Autodidatta.

Gli ospiti antimafiosi si riuniscono dunque intorno al tavolo. Si aggiungono continuamente i giovani e giovanissimi italiani del volontariato europeo che a turno egli ospita generosamente in casa sua, ora che due dei tre figli se ne sono andati. E in un quarto d'ora già sforna le pizze. Nel frattempo e poi per lunghe ore è tutto uno scorrere senza fine di informazioni, di idee e di progetti. Parlano i giovani campani e siciliani, torinesi e milanesi, giunti dall'Italia o da Bruxelles. Chi arriva la prossima settimana a Berlino, che progetti di conferenze e di ricerca sono in cantiere, come trovare qualche fondo per Mafia? Nein Danke! Sia chiaro, non è questo il suo mestiere, poiché lavora con le associazioni dei genitori in diverse scuole, specie alla Finow Schule, un istituto bilingue dove si occupa della "componente" italiana. Però è la lotta per la legalità dall'Italia alla Germania e poi all'Europa intera che dà un timbro inconfondibile alla sua esistenza pubblica.

"Sai cosa mi piace?" si confidò con me una sera, "mi piace soprattutto accoppiare le persone, creare connessioni tra la gente. Io studio le affinità, immagino la possibilità che nascano forme di cooperazione, che i progetti si intreccino. Tu devi pensare che spesso i giovani che portano impegno e competenze stanno qui per due anni o addirittura per alcuni mesi, una borsa in università, una ricerca, poi vanno via, e tutto può diventare passeggero, qualcuno sta qui solo alcuni giorni, mentre invece c'è bisogno di una organizzazione. Di una rete di relazioni stabili, da mantenere anche a distanza."

Ecco. È qui che entra in scena il regista. Colui che "accoppia" e "connette", aprendo la sua casa agli incontri in cui si decidono cose importanti tra interminabili bicchierini di Sibilla, l'amaro marchigiano dei monti Sibillini. È qui che nei movimenti è nata la sua fama stramba e meritata. Del comandante che non dà ordini. Del re con berrettino grigio o casco da ciclista.

E fu proprio lui lo snodo verso un'altra università tedesca in cui la fortuna mi ha portato a insegnare: la Ludwig Maximilian di Monaco, lo storico ateneo degli studenti della Rosa Bianca trucidati dal nazismo, ai quali è dedicato il grande atrio solenne. Fu Carmen, giovane ricercatrice e formatrice italiana presso una fondazione politica bavarese, a cercare Luigino e a chiedergli se poteva mettere una buona parola ("connettere") perché andassi lì a tenere una conferenza. Ci andai. L'università di Monaco vanta il più importante dipartimento di filologia italiana di tutta Europa. Avrei dovuto dunque parlare anche lì in italiano. Lo feci davanti a una affollata platea di giovani italiani e di tedeschi amanti della nostra lingua e letteratura. Tema: mafia e cultura, soprattutto mafia e cinema. Al termine una delle organizzatrici, Emanuela, una lettrice foggiana di italiano, madre, mi raccontò poi, di un sottufficiale dei carabinieri, mi chiese se sarei stato disposto a tenere un intero ciclo di lezioni su mafia e letteratura. L'argomento mi piacque subito. Lo trovai intrigante, suggestivamente diverso. Mi ci ero misurato più volte, ma sempre a distanza, e mai in modo sistematico. Accettai e tenni il corso tra novembre e dicembre del 2016. Ebbi la sensazione di riscoprire la mafia e la sua storia. Di fare un viaggio avventuroso nella mia stessa materia, che vedevo ora con occhi diversi. Le lezioni fluivano dalle mie letture ma talora mi sembrò che fuoriuscissero dalla mia vita, come se, parola dopo parola, mi guidasse in aula un istinto sconosciuto. *Il gattopardo* che si mescolava a Sciascia, Carlo Levi a Vincenzo Consolo, le lotte contadine al carcere minorile del Malaspina, *Il cigno* di Sebastiano Vassalli a *Banditi a Partinico* di Dolci o alla copertina dei "Siciliani" di Fava. Il corso non prevedeva crediti. Partii dunque con sei allievi e chiusi con ventidue, quasi tutte donne, in un crescendo di coinvolgimento mentale. Anche lì il moltiplicatore funzionava. Decisero che avrebbero trascritto le registrazioni, che sarebbero state le mie *Lezioni tedesche* e che ne avrebbero tratto un testo teatrale. Troppo grande promessa, per mantenerla. Ma il solo pensiero fu di nuovo ragione di felicità. In compenso quella esperienza bellissima si è tradotta in una lezione-spettacolo per il Piccolo Teatro di Milano.

In quel periodo mi capitarono fra l'altro due incontri particolari. Due sorprese che mi fecero riflettere sui fili sottili con cui il tempo, regista geniale come nessuno, annoda le vite e le storie. Una sorpresa la ebbi prima ancora di iniziare il corso. "Caro Nando," mi scrisse lieve da un lontano passato una mia amica, Luisa, compagna tra le più colte del Movimento studentesco, "tra qualche giorno inizierai un seminario a Monaco. Ecco, a seguirlo troverai mia figlia Maddalena. Lei non te lo direbbe mai, lo faccio io al suo posto." Il pomeriggio dell'esordio non ebbi il tempo, entrando, di mettere ordine nei miei appunti. Sarà lei?, mi chiesi subito. Sarà lei, la ragazza che sembrava voler sorridere, ma in una forma che poteva anche essere una smorfia di gentilezza? Fatto sta che, forse per qualcosa nei lineamenti, mi convinsi che fosse proprio lei a spuntare da immagini lontane, cose di circa trent'anni prima, una giovanissima laureanda ora professoressa in un liceo di Bolzano. Avevo ritrovato Luisa a Napoli trentenne, da lei ospitato in una casa vicino allo stadio, in occasione di una manifestazione anticamorra. Poi mai più vista e sentita. Senza una specifica ragione. Semplicemente ci si perde di vista, mentre altro ti prende. L'idea di avere sua figlia in un percorso di studio e ricerca mi commosse. Le storie si ricomponevano... si era finito con la camorra a Napoli, si riprendeva con la mafia a Monaco decenni dopo, in una specie di staffetta generazionale.

La ragazza che aveva sorriso impacciata era proprio Maddalena. E il modo in cui prendeva gli appunti tradì subito una insolita capacità di entrare nella materia. Mi sbalordì la cultura. "Sono venuta da Bolzano," mi spiegò, "a studiare germanistica. Per passione. Per una lingua che volevo imparare, per una letteratura che mi affascina: Brecht, Mann, Hochhuth e l'*Antigone*. Forse anche per delusione politica." Raccontò di avere letto tantissimo proprio perché la madre non la costringeva a leggere. "Bastavano i libri in casa, bastava una battuta a tavola su Angelica, per mettermi voglia di leggere. Anzi, molti classici li ho letti prima di farli a scuola per paura che lì me li rovinassero." Doveva avere conservato l'abitudine, perché anche con me a ogni incontro arrivava avendo già studiato i testi in programma per quel giorno. Quando leggevo d'improvviso ad alta voce brani di questo o quel testo, lei, come una rabdomante, li rintracciava in un secondo sul libro e da lì seguiva a capo basso. Fece un'osservazione su teatro e letteratura da lasciare a bocca aperta. E di nuovo mi frullò la solita domanda: chissà che cosa troverà da fare in Italia una così... Lunghissime code di supplenza? Lavori sottopagati in case editrici? Dovrà accasarsi politicamente per trovare un posto decente? Lei però mi spiazzò. "Anche se so che è difficilissimo vorrei fare la scrittrice, ma non mi prenda troppo sul serio." Mi diede dei suoi testi. Notai il ritmo perfetto, disteso o incalzante a seconda del senso delle parole. "Ho una passione vera per la punteggiatura," spiegò. "I punti e le virgole sono tutto, e le parole vanno pronunciate bene anche nell'immaginazione." Confessò soprattutto la grande curiosità che le era venuta durante il seminario: ma dove poteva trovarli a Monaco i numeri dei "Siciliani" di Giuseppe Fava? Mi domandai allora quanti a Catania, difesa da Fava fino a morirne, provino oggi lo stesso desiderio. E di nuovo pensai al moltiplicatore.

La seconda sorpresa la ebbi invece verso la chiusura del corso, quando alla destra di Laura, studentessa sempre presente, figlia di ristoratori italiani a Monaco (e che una volta trascinò a lezione anche il padre), scorsi una strana presenza. Chi era, mi chiesi, quella signora con i capelli candidi e le rughe solari, che dava l'aria di sapere praticamente tutto di quanto andavo dicendo su letteratura e mafia? La nuova arrivata, in effetti, sembrava vivere la lezione su Carlo Levi e Danilo Dolci come un nostalgico ripasso. Gli occhi le brillavano a sentire alcuni nomi. In particolare quando raccontai di Sandro Pertini che accompagnò alla procura di Palermo la madre di Salvatore Carnevale, il sindacalista contadino ucciso dalla mafia nel maggio del 1955. O quando proiettai la slide con le parole più celebri dell'arringa di Piero Calamandrei davanti al tribunale di Palermo in difesa di Danilo Dolci, primavera del 1956. Ma anche quando citai alcune parole della Costituzione che hanno contrassegnato il nostro meridionalismo più nobile: diritto, giustizia, promozione. Più volte durante quella lezione mi venne la curiosità di chiederle chi fosse e come fosse capitata nel mio corso così di improvviso. Ma me ne trattenni.

Al termine, però, fu lei a venire a presentarsi. Da vicino era ancora più solare, aveva un sorriso aristocratico. Disse di chiamarsi Ilaria Furno, di essere cresciuta a Firenze. Di essere figlia di Carlo Furno, professore di Procedura civile e assessore del sindaco della pace Giorgio La Pira; e di essere nipote di Paolo Barile, il grande costituzionalista. Spiegò, ecco spiegata la nostalgia, di avere conosciuto Calamandrei da bambina. "Veniva spesso a casa mia, e io lo ricordo come un uomo spiritosissimo; quando sapevo che era invitato a cena io chiedevo ai miei genitori di potere mangiare con loro. Prima guardavo sulla sua slide l'arringa per Danilo Dolci e pensavo che lui sarebbe morto dopo pochi mesi."

Ecco la bellezza di insegnare a persone colte, riflettei: io non ci avevo nemmeno fatto caso a quella sequenza temporale preparando la lezione, lei l'aveva notata di colpo. "E anche Carlo Levi, sa? Anche lui nel periodo fiorentino frequentava casa nostra. Era elegante, stava vicino a Ponte Vecchio." La signora dai capelli candidi se ne andò promettendo di tornare il giorno dopo. Qualcuno mi spiegò che di cognome fa Furno Weise e che è stata la storica lettrice di italiano presso il dipartimento di filologia italiana. Il giorno dopo tornò con una borsa piena di ricordi preziosi. Me li allineò su un banco. C'era una lettera di padre David Maria Turoldo, mi mostrò anche un vecchissimo numero dell'"Espresso" formato lenzuolo, 1972, che parlava di mafia profeticamente: *Se tutta l'Italia diventa Sicilia* era il titolo a tutta pagina. Prese in mano anche un numero tra i più noti proprio dei "Siciliani", la rivista di Giuseppe Fava, sulla giustizia corrotta a Catania. E subito dopo la copia della "Repubblica" del 24 maggio 1992, la prima pagina a lutto, dedicata alla tragedia del giorno prima sull'autostrada di Punta Raisi:

in mezzo la foto di Giovanni Falcone. "Ce li ha? Li vuole?" mi chiese. Indugiai davanti a tanta gentilezza, chissà con quanto amore quei reperti erano stati custoditi nei decenni. "Li prenda, con lei queste cose almeno vanno avanti. Con me non molto. Io sto facendo un altro riassunto della mia vita."

Una signora anziana, una ragazza. Due bellissime sorprese, a conferma che insegnare viaggiando (nello spazio, nella propria materia) è avventura intellettuale che dispensa pepite generose. E, insieme, la scoperta che il moltiplicatore agisce grazie a quell'oggetto antico e leggendario che è la staffetta. La corsa, Olimpia, il fuoco sacro agli dei. In fondo è proprio la staffetta il cuore simbolico dell'insegnamento. Si consegna qualcosa a qualcuno perché continui la nostra corsa. Si consegnano libri letti, sapere accumulato, esperienze di vita a chi può fare un tratto di strada più lungo, arrivare dove noi non possiamo per le leggi della vita. *Insegnare* è in realtà *consegnare*. Ma a Monaco la staffetta andò oltre perché, attraverso l'insegnare, congiungeva e intrecciava storie tra loro sconosciute. Non c'è forse staffetta tra la madre che ti ospita quando manifesti contro la camorra a Napoli e la figlia grazie a cui la ritrovi mentre parli di mafia in giro per l'Europa? Non c'è staffetta tra l'"allieva" che ha vissuto pezzi grandi della più bella storia d'Italia e il sociologo venuto a fare il suo corso da Milano, a cui lei avrebbe tante cose da insegnare, ma a cui "rassegna" invece ("con lei queste cose almeno vanno avanti...") il suo piccolo archivio civile? Non c'è, in forma ancora diversa, tra l'anziana lettrice che ha conservato il numero speciale dei "Siciliani" e la giovanissima studentessa che si chiede dove potrà trovare un numero dei "Siciliani" a Monaco? Riscoprii una volta di più la forza della cultura fatta di intrecci di vita, senza cui essa sarebbe infinitamente più libresca, meno capace di fecondarci e di "lasciare il segno", ovvero etimologicamente, rieccoci, di "insegnare".

E quanto al moltiplicatore: a che cos'altro devo in fondo questa meravigliosa singolarità della mia esperienza accademica, ossia che gli inviti in università straniere siano dovuti più spesso a miei allievi che a miei colleghi? Ai giovani più che ai coetanei? Invitato perché qualcuno molto più giovane lo chiede, volendo che altri imparino. Così è stato anche con Christina, che era venuta a sentirmi a Berlino e mi ha portato ad Aahrus, altra università in cui avevo sognato di insegnare un giorno d'estate mentre facevo il turista con mia moglie. Christina, dottoranda di origine italiana, che ha voluto offrire a decine di studenti danesi un seminario sulle donne dell'antimafia (le donne, di nuovo). O Marco, dottorando portoghese in Italia e che se ne è tornato in patria con il programma di chiamarmi a parlare di mafia e di antimafia all'università di Coimbra. O Giulia da Berlino, giovanissima madonnina della legalità che escogita per me un progetto dietro l'altro. L'insegnamento, la staffetta, il moltiplicatore. Non c'è dubbio. È questa combinazione, meglio, questa sequenza, che ora vediamo con occhi più consapevoli, a originare quasi una formula della felicità.

Oggi Sarah coordina a Milano i lavori di cross e soprattutto della "Rivista di Studi e Ricerche sulla Criminalità Organizzata". E coltiva i rapporti con i bravi giovani studiosi "scovati" via via nelle varie università europee. Con loro ci scriviamo, ci invitiamo, continuiamo a tessere la fondamentale rete della conoscenza. Con un'utopia che trascende la logica e perciò difficile da ammettere: che il moltiplicatore pedagogico non conosca confini. E che non si fermi più.

RIBELLI IN LOMBARDIA
(OVVERO LA FORMULA DELLA FELICITÀ)

Forse è arrivato il momento di tradurre in numeri, approssimativamente si intende, la differenza tra la bellezza della politica e quella dell'insegnamento universitario. Per quanto possa apparire stravagante, si tratta niente meno che di trovare, appunto, la formula matematica della felicità. In che misura differiscono, l'una e l'altro, in risultati, in senso del fare? Se mi attengo alla mia esperienza, posso compiere con apprezzabile certezza un paio di stime. La prima è che in politica se dai 100 ti ritorna 5: 5 in termini di cose fatte, di soddisfazioni morali, rispetto alle energie e alle passioni e all'intelligenza che ci hai messo. Altro conto sono ovviamente i pubblici onori o gli appannaggi economici. Solo se sei membro di un governo e ti impegni molto ti ritorna un po' di più. Quello che fai si perde infatti nel mare magno delle attività parlamentari. Discorsi e interventi destinati a restare in atti ufficiali che leggeranno nei decenni a venire alcune rarissime specie di umanità; e che in aula hanno *sentito* (nel senso che erano presenti) sessanta, settanta persone, e *ascoltato* in venti, interessate da quello che dicevi più che dal telefono, dalla lettura dei giornali, dalle affabulazioni del vicino o dalla preparazione del loro intervento. Se, a conclusione di un lavoro di indagine o di inchiesta, scrivi

– consumando le notti – bei rapporti o relazioni coraggiose, dicendoti "ora chissà che cosa succede", non succede assolutamente niente. Hai un centinaio di lettori in tutto il paese. Perché gli altri non vengono a saperne nulla o ritengono troppo faticoso o antieconomico in termini di tempo leggerli.

Quanto all'attività legislativa, al termine di una legislatura puoi rimirare con orgoglio una legge importante a cui hai dato un contributo decisivo o due emendamenti discriminanti passati in tutti e due i rami del parlamento. E anche una legge pessima che sei riuscito a fermare. Che è molto in assoluto. Non però se rapportato a cinque anni di progetti, di battaglie, di giri interminabili per le contrade d'Italia. Di più: anche quando ottieni buoni risultati legislativi devi poi chiederti che cosa ne sarà della "tua" legge o del tuo emendamento, se ci sarà qualcuno che con un tratto di penna la snaturerà o ne impedirà nella disattenzione generale l'attuazione. E ovviamente non devi pensare neanche per un attimo che quello che hai fatto ti verrà riconosciuto, in ruolo e responsabilità, all'interno del tuo partito. La fedeltà personale o la capacità di ricatto conteranno sempre di più di quello che hai fatto per il paese.

Con l'insegnamento universitario, invece, sempre attenendomi alla mia esperienza, se dai 100 ti ritorna 250. E provo a spiegarmi. Il mio progetto, come ho detto, era di introdurre in un piccolo segmento di futura classe dirigente, ovvero in una quota dei laureati di Scienze politiche della Statale di Milano, una buona conoscenza e consapevolezza del fenomeno mafioso. Obiettivo raggiunto, posso dire. Con un centinaio e più di studenti che ogni anno frequentano i corsi con passione e con l'ambizione morale di ottenere una valutazione elevata. E trentacinque, quaranta di loro che ogni anno fanno la tesi di laurea per poi spargersi nelle professioni più varie, dalle funzioni antifrode o antiriciclaggio in banche e imprese alle forze dell'ordine, dal giornalismo alla pubblica amministrazione. Si tratta di studenti che poi nei giudizi richiesti dalla facoltà sui singoli insegnamenti e nel loro tam tam quotidiano ti riconoscono quello che fai. Che cosa desiderare di più? Nel momento del mio ritorno questo era davvero il massimo a cui avrei potuto ambire. E siamo a 100. Ma poi, come ho pure detto, è avvenuto molto altro. Perché raggiungere quota 100 in università è diverso che raggiungerla a scuola. Per ragioni oggettive, indipendenti dai tuoi meriti. Davanti a te hai studenti adulti. Autonomi, anche se non economicamente, dalla famiglia. Capaci di scelte di vita. Che fondano associazioni, realizzano siti, costruiscono progetti, iniziative di formazione e di informazione, movimenti, attività di incontro sul territorio nazionale. Essendo titolari di un diritto di voto, e di una capacità di organizzazione del consenso elettorale, influenzano la politica locale, possono diventare consiglieri comunali, presidenti di commissioni antimafia consiliari, assessori e sindaci (ne trovo sempre di più), leader d'opinione. Sono totalmente liberi nelle loro scelte di vita perché non ancora condizionati dai ruoli professionali. Ma al tempo stesso preparano se stessi all'esercizio di quei ruoli, pronti a portarvi una nuova etica; laddove i ragazzi più giovani, specie se lasciati a se stessi, tendono invece a vivere l'educazione alla legalità in una dimensione più provvisoria, costretti in ogni caso a fare i conti con una minore capacità contrattuale e portati a disperdere senza colpa il prezioso patrimonio consegnato loro dalla scuola. Insomma, dopo che hai insegnato succede altro, di più. Come se il mondo che hai creato avesse in sé un lievito prodigioso. E in forme sempre nuove accade quello che non avresti potuto né suggerire né prevedere. Succede più del doppio. Diciamo, come minimo, 250. Quante volte sta dunque il 5 nel 250? Risposta: 50 volte. 50, ecco la misura matematica della felicità. Sembra un miracolo: passare da un mestiere all'altro, sempre tu, con meno soldi e meno mezzi, meno potere e meno onori, e ottenere effetti 50 volte maggiori, almeno in proporzione a quel che hai dato.

È la felicità che provi vedendo come la moltiplicazione delle forme di impegno e di consapevolezza contribuisca a generare una specie di onda lunga: un moto che, per cerchi concentrici sempre più ampi, sta modificando lo stesso panorama civile della Lombardia di fronte al fenomeno mafioso. Non più la regione-struzzo o la regione *chansonnier* che si compiace di raccontar la sera nei luoghi dei buoni le gesta degli eroi nella lontana Sicilia, ma una regione che si interroga sulla *sua* storia e sul *suo* presente, e in cui perciò stanno crescendo nuovi protagonismi amministrativi e istituzionali. Lo si poté cogliere con evidenza nella già citata manifestazione nazionale di Libera del 20 marzo del 2010. Centocinquantamila persone erano il frutto del molto lavoro e della molta nuova coscienza seminati negli anni precedenti attraverso un tessuto associativo diffuso. Un ordito paziente su cui arrivò l'onda lunga di scuole e università, con i suoi effetti moltiplicatori, quasi reagendo d'impeto al sospetto intollerabile che le istituzioni politiche avessero firmato con la criminalità organizzata una specie di 8 settembre, e abbandonato ognuno al suo destino.

Si avvertiva l'arrivo di una "ventata antimafia", come mi venne di scrivere in prossimità di quella manifestazione, proprio a partire da quel che mi consegnava la mia esperienza. Mi fa piacere riprenderle, le frasi di allora. E me ne scuso. Ma danno il senso di quanto stava accadendo come effetto del nuovo corso, mi aiutano a "dimostrare" quel 250.

> Certo quanto accade da un po' di tempo in qua a Milano ha qualcosa di sorprendente. E merita di essere trascritto in tempo reale, come in un quaderno di appunti, da parte di chi ha la fortuna di trovarsi nei panni del sociologo osservatore-partecipante. La stampa sembra non averne la minima percezione. Va a rimorchio delle iniziative della magistratura ma non coglie – o non è interessata a misurare – il respiro profondo della città e della regione in questo complesso gioco di azioni e reazioni. Eppure si avverte davvero un clima da "vigilia di qualcosa" che sta spiazzando gli stessi addetti ai lavori. Fioriscono ovunque le iniziative antimafiose, spesso in sovrapposizione, regolarmente piene di un pubblico variegato. Promosse spontaneamente dai soggetti più diversi, per affrontare temi disparati, a seconda dei contesti ospiti. A volte proprio per *reagire* civilmente; il che si nota soprattutto nei comuni della cintura, dove per la prima volta, nelle assemblee, i cittadini denunciano con nome e cognome gli assessori locali ancora non raggiunti da indagini giudiziarie. Si metta pure in pace chiunque aspiri al ruolo del realista-disfattista, pronto a sentenziare, tra gli entusiasmi degli ingenui, "ma mancano i giovani" o "sono le solite facce". No. Le iniziative pullulano di e spesso sono animate da giovani. E anche tra i cittadini adulti compaiono molti visi mai visti.
>
> E continuavo:
>
> Proviamo dunque a indicare gli elementi di maggiore novità del movimento e che alla fine lo qualificano. Anzitutto va se-

gnalato lo spirito che sorregge la mobilitazione. Ovunque il desiderio di un approccio scientifico. Il bisogno di sapere, di formarsi, più che quello di appuntare nei palmarès istituzionali o associativi la giornata o la serata ben riuscita. La differenza salta all'occhio soprattutto nel mondo scolastico. In questo mondo a Milano il movimento antimafia ha avuto tradizionalmente forti radici. Nacque qui, alla fine del 1982, il primo coordinamento degli insegnanti e presidi in lotta con la mafia, apripista per ogni altra esperienza nazionale. [...] Ora è nato un nuovo Coordinamento delle scuole milanesi per la legalità e la cittadinanza attiva. Fa perno su quattro istituti superiori, il Severi, il Volta, il Virgilio e il Leonardo. Lo anima un buon gruppo di insegnanti, ma gli studenti gli danno energia vitale rispondendo in massa a ogni proposta. E rielaborandone i contenuti. La parola d'ordine è serietà.
Un secondo elemento di novità del movimento è il ruolo da protagonista che vi gioca l'università. Non era mai accaduto. Vi erano state finora, lungo gli anni, solo iniziative sporadiche. Il cambio di passo lo aveva dato lo scorso anno un gruppo di studenti della Cattolica, organizzando un importante e affollato ciclo di seminari, del tutto in controtendenza rispetto alle predilezioni culturali del proprio ateneo. Poi la Bicocca e la Statale. E in particolare Scienze politiche. Qui la nascita del corso di Sociologia della criminalità organizzata sembra avere avuto un ruolo di detonatore, offrendo un riferimento informativo e scientifico a una vasta platea di giovani ricchi di motivazioni e interessi per il tema ma finora privi di luoghi accademici in cui coltivarli. Giovani che imparano le organizzazioni mafiose (e il loro rapporto *vero* con la società circostante) non più sui giornali. E che nei loro elaborati scritti raccontano

con sincerità il proprio stupore, la propria preoccupazione, ma anche la voglia di impegnarsi di fronte alla (per loro) inedita notizia che la 'ndrangheta stia occupando e condizionando pezzi crescenti della società lombarda.

Se ho ripreso questi brani del lungo articolo scritto per il mensile "Narcomafie" nel marzo del 2010 non è per il gusto, sempre temibile, dell'autocitazione. Ma per restituire, quasi in diretta, il percorso di stupore, di sorpresa sincera, e infine di incoraggiamento in cui mi sentivo coinvolto e di cui sentivo attrice fondamentale la mia facoltà, con i suoi studenti. Il 250, appunto.

Ma come non parlare a questo proposito del ruolo svolto negli anni successivi al 2010 da due siti-movimenti creati da miei laureati mentre ancora erano studenti, ossia StampoAntimafioso e poi WikiMafia? Siti che non sono nati con le fattezze dei giganti, oggi ritenute necessarie per garantire la qualità dei progetti. Ma con fattezze di bambini e la naturale disposizione a crescere senza cure agli estrogeni. Impresa in cui sono riusciti pienamente.

StampoAntimafioso nacque nel 2011, come effetto virtuoso – lo si è già ricordato – del primo laboratorio di Giornalismo antimafioso. Al termine del quale una quindicina di studenti universitari più alcuni neolaureati si riunirono da tutta la Lombardia (e non solo) con l'idea di allestire un sito completamente dedicato alla criminalità organizzata al Nord. E di svilupparlo con spirito e temperamento di professionisti. Attingendo a libri, atti giudiziari, testimonianze. E studiandosi la storia del giornalismo antimafioso, "L'Ora", "I Siciliani" e tivù e radio. E imparando come si fanno le cronache e le interviste. All'inizio furono Martina e Morgana, Alessandro e Marzio, Giulia e Niccolò. E poi Dario e Dario. E ancora Giacomo, Orlando, Monica, Roberto, Federico, Luca, Ilaria, Tommaso ed Ester. Nel caos creativo altri si aggiunsero, alcuni cambiarono città per fare i giornalisti o scelsero la via del teatro. Ne uscì un corpo a fisarmonica, che riuniva provenienze diversissime. Milanesi e siciliani, ossolani e valdostani, campani e brianzoli o varesini. Ideali che andavano dallo scoutismo praticante a vaghe simpatie anarchiche, passando per tutto quello che c'è in mezzo. Quando le chiesi come mai quella scelta così impegnativa, su temi ostici anche per la stampa più potente, Martina, sfoggiando uno dei suoi coloratissimi guardaroba, mi rispose così: "Perché c'è un'aria nuova che ci fa sentire responsabili. Oggi a Milano i giovani sono galvanizzati per Pisapia, ma la rincorsa è incominciata prima. Io respiro un'altra aria dai tempi dell'Onda [movimento universitario del 2008, che ebbe breve durata; *N.d.A.*]. Lì è cambiato, lì ho sentito scattare la parola chiave che ora ci spinge: consapevolezza. C'è una consapevolezza nuova nelle università ma anche nei licei, mica si fanno più manifestazioni per nostalgia o per bigiare con slogan populisti. Contro il sistema mafioso occorre una lotta culturale. E chi deve farla se non noi che abbiamo in mano il futuro del paese?" Tra i fondatori c'era anche Marzio, che poi si sarebbe trasferito all'università di Genova sognando di trovare lì la strada maestra per la professione. La madre di Marzio era una brava insegnante alla Carlo Alberto dalla Chiesa di Sesto Calende, e questo per una pura associazione mentale me lo rendeva più caro. Portava una fascia nera che gli tratteneva i capelli come un tennista o un centravanti argentino. Aveva motivazioni più larghe: "Come si fa a non volere più informazione davanti a questo pervertimento dei poteri?" mi rispose. "A me interessa fare il sito per preparare il mio futuro, anche professionale. Ma poi anche per reagire alla disillusione che ti prende quando vedi che gridi il tuo dissenso e dai vertici non ricevi risposte. E in ogni caso bisogna pure far capire a questa società che ci sono problemi ben più seri dell'immigrato e del ragazzo che fa i graffiti sui muri." Si capiva che erano bravi. Giulia aveva mandato un suo pezzo sulla Val d'Ossola a Libera Informazione. Qualche furbacchione glielo aveva ripreso, aveva cambiato (sbagliando) qualche nome, le aveva tolto la firma e lo aveva ripubblicato su un quotidiano nazionale. Per dire che quei ragazzi avrebbero già potuto scrivere ovunque.

Come si è anticipato, sposarono programmaticamente l'etica del giornalismo di Pippo Fava. Ma da dove mai avevano tratto quella specie di giuramento a futura memoria scritto trent'anni prima? "Sono stata io," mi spiegò Morgana, che allora viveva a Saronno ma è nata a Catania e ce l'ha scritto in faccia che è siciliana. "Sono stata io a trasmettere loro il mito di Fava. Che cosa ne sapevo? Ci ho fatto la tesi triennale a Lettere. Me ne avevano parlato in casa, ma non mi convinceva quella storia del cronista un po' pazzo che non poteva che finire male. E allora me lo sono studiato tutto, ho parlato con chi ci ha lavorato. E la cosa che mi piace di più del suo giornalismo è la voglia, la capacità di scavare nelle storie delle persone."

Si erano ingenuamente immaginati una struttura di redazione quasi ministeriale: una dozzina di settori diversi, ciascuno con il suo responsabile. Poi saggiamente ci ripensarono. Olio di gomito e tutti a testa bassa, se no alla fine non partiva niente, tra uno con l'esame la settimana prossima e l'altro con la tesi di laurea da finire. Si ritrovarono più volte sui Navigli, con Pietro, l'oste, intenerito a sentirli progettare e a vederli divorare pantagruelici happy hour. Fecero pure i conti. Centinaia di euro ci sono voluti per fondare l'associazione. Altri per i viaggi per Milano. Più quelli per stare insieme la sera, anche se Pietro faceva loro gli sconti. Una sera mi dissero: "Ne mancano centosettantanove per l'apertura del sito. Prof, non è che ci darebbe un contributo?"

Lo ebbero e partirono. E fecero cose egregie. Una soprattutto, che andrà sempre a loro onore. Con il mensile "Narcomafie" furono gli unici a seguire ogni udienza del processo Lea Garofalo, la giovane donna calabrese uccisa nel 2009 dal compagno Carlo Cosco, narcotrafficante a Milano, perché colpevole di essere scappata con la figlia Denise, a cui voleva assicurare un altro destino, e di avere raccontato tutto alle autorità di polizia. Fu un processo simbolo dell'epoca Pisapia, con il comune costituitosi parte civile, Libera difese con tenacia il diritto di Denise alla verità e alla giustizia e un folto gruppo di liceali milanesi, quasi tutte ragazze, non si perse un'udienza per stare moralmente accanto alla coetanea mai vista. Uno dei più grandi episodi di partecipazione civile che abbia mai visto in vita mia. Lucia, ancora Lucia, Marilena, Giovanna, Monica, Alessandra, Paola, Elisabetta, Costanza e tante altre giovanissime donne furono protagoniste, con Giulio e qualche altro ragazzo, di quella vicenda processuale assurta a evento civile non grazie all'attenzione della stampa ma a dispetto della sua disattenzione. Fino alle condanne all'ergastolo. Fino ai funerali di Lea, che divennero appuntamento pubblico, di popolo, con don Ciotti e Pisapia che ne portarono a spalla la bara, leggera dei poveri resti fatti ritrovare nella campagna brianzola.

Quel mattino di ottobre, tra rose, margherite e girasoli, vidi tante mie studentesse che mai avrei immaginato in mezzo alla folla, e che al mio sguardo apparvero popolo nel popolo. Quella vicenda, destinata all'inizio a restare questione domestica di un pugno di criminali calabresi, sbocciò progressivamente a storia nazionale, fino a un film sulla rai, grazie a chi la raccontò tirandola fuori dall'aula. Don Ciotti e Libera anzitutto. Ma "Narcomafie" e StampoAntimafioso ebbero il merito di raccontare la storia del processo e delle liceali, dimostrando che la lotta alla mafia si fa anche dando voce all'antimafia, soprattutto a quella non famosa. È rimasto uno dei grandi principi distintivi del sito, ormai uno dei più autorevoli in assoluto, i cui redattori sono sempre più spesso invitati in Lombardia, in Piemonte, in Emilia, per scuole, università e associazioni, a discutere di mafia e informazione.

WikiMafia nacque invece un paio d'anni dopo. Si propose e riuscì a essere "libera enciclopedia" online sulla mafia, una moltitudine di voci supercontrollate, la descrizione più completa in circolazione (opera di un diciottenne) del maxiprocesso di Palermo, da tempo presenza attivissima nel panorama antimafia nazionale. Da lì nacque poi nel 2015 anche il progetto di MafiaMaps. L'idea di fondo? "#mappiamolitutti". Uno slogan che sprigionò da subito una forza virale. Catturava la fantasia, tracciava al volo nuovi orizzonti. Tutti e due i progetti furono il frutto del genio creativo di un gruppo di laureati e studenti, quasi tutti di Scienze politiche di Milano. Anche se l'ideatore vero era Pierpaolo, di cui abbiamo già parlato. La sua vulcanica immaginazione aveva partorito un'idea tecnologica, quella di MafiaMaps, su cui si sono poi buttati in tanti, senza mai però applicarvi l'inventiva e la fatica necessarie. Una vera e propria app antimafiosa. Qualcosa che potrebbe far compiere alla lotta ai clan passi da gigante se solo esistesse un imprenditore istituzionale capace di coglierne le potenzialità. Inutilmente il suo creatore ha lanciato una sottoscrizione per finanziarlo; ha raccolto fondi sufficienti solo ad avviarlo. Eppure aprirebbe a un rovesciamento di prospettiva, consentirebbe di ridisegnare l'Italia intera, provincia per provincia, partendo dalla presenza delle organizzazioni mafiose. Una mappa mai vista. Ad esempio: quante e quali e dove e quando sono state le vittime, così spesso dimenticate, a partire da quelle dei sequestri di persona operati al Nord negli anni settanta. Nulla si ricorda di quei ragazzi rapiti all'ora della scuola e mai più tornati, o trovati in una discarica o fatti a pezzi in un bagagliaio dopo essere stati tenuti in una buca sotto terra per dei mesi. O nella parte opposta d'Italia quel numero generico, quaranta, ovvero i sindacalisti contadini uccisi nel dopoguerra in Sicilia, di cui solo qualche nome famoso torna ogni tanto nella memoria pubblica. Per non parlare dei nomi centrifugati delle celebri "scorte".

Storia e geografia insieme. La disposizione e la diffusione, da Trapani ad Aosta, dei vari clan, quelli che uccidono, incendiano, corrompono, intimidiscono. Le inchieste che li riguardano. Almeno per avere conoscenza del potere illegale quanto si ha diritto ad averne del potere legale. Per rifare la storia stessa delle città, riscrivendola attraverso le lapidi dei martiri o i luoghi (gli uffici finanziari, i ristoranti, gli assessorati) in cui si sono prese nel tempo le decisioni criminali in grado di influenzare il futuro collettivo.

Pierpaolo venne subito accusato di totalitarismo poliziesco da qualche vecchio politico "garantista" mai mosso in vita sua dall'idea di denunciare la mafia, ma che si svegliò d'incanto da un lungo letargo per gridare al pericolo di una schedatura di massa. Venne accusato di avere chiesto troppo alla sottoscrizione privata che aveva immaginato: centomila euro. Troppi? "È il primo progetto app per smartphone e tablet sul fenomeno mafioso," obiettò. "Ci provino loro a fare una piattaforma così, che ti racconta la storia di ogni organizzazione mafiosa su tutto il territorio nazionale; che ti permette di premere un pulsante sulle voci che preferisci e di avere la cartina dei beni confiscati, che non ce l'ha nemmeno l'agenzia nazionale, o la serie storica degli omicidi o la concentrazione geografica dei clan saliti nel tempo al Nord, che so, dai comuni dello Jonio calabrese. Io so che nella pubblica amministrazione sono corse cifre grandi dieci o trenta volte per fare infinitamente meno. E poi sono soldi che chiediamo ai privati, sulla base di un progetto, di una fiducia, mica soldi pubblici. Chi ci critica mi sembra che campi di appannaggi pubblici. O sbaglio?"

Non sbagliava, Pierpaolo. Il fatto è che per molti amministratori, politici e uomini d'affari sarebbe poco gradevole trovarsi documentate su un cellulare le scorrerie dei clan nella propria città, da sempre dichiarata vergine immacolata. E che a molti piacerebbe se si perdesse la memoria del sangue e dei morti assassinati. Come sarebbe rassicurante se si potesse raccontare la storia a proprio piacimento…

Pierpaolo e Marco, Samuele e Chiara, Thomas e Mattia dovettero imparare che l'antimafia vera si può fare, in genere, se non c'è bisogno di chiedere soldi. Quelli, anche tanti, si danno più volentieri all'antimafia di facciata. Non si sono arresi, però. Hanno continuato a promuovere la loro idea. E facendolo hanno diffuso i valori della legalità. Spiegando le loro ragioni hanno raccontato l'altra storia del paese. Invitati anche in televisione a presentare la loro app, ne hanno trasmesso capillarmente lo spirito, così che a tanti è venuta la voglia di realizzarla nel proprio comune. Oggi il "#mappiamolitutti" è un grande cantiere aperto, a macchia di leopardo. E chissà che qualche leader politico (perché poi la politica ci vuole, anche se non restituisce molto...) non decida un giorno che, invece di essere opera gratuita dei militanti della società civile, debba diventare un obiettivo di governo.

Le ragioni del 250, e della conseguente misura matematica della felicità, non si fermano però qui. Perché molte e sempre più numerose sono le occasioni e gli ambiti pubblici in cui studenti, laureati e ricercatori vengono richiesti di portare i risultati delle loro tesi di laurea o delle loro ricerche. Ad esempio nei consigli comunali, in Lombardia ma anche altrove; o nella stessa commissione antimafia della regione Lombardia. Molti sono i progetti di formazione scolastica a cui vengono invitati a partecipare. E con successo. Ogni tanto insegnanti in prima fila me ne mandano foto che li ritraggono mentre parlano in piedi ai ragazzi, accompagnate da commenti increduli per quella particolare combinazione di passione e conoscenza. Una volta andai a un ciclo di incontri organizzato dal consiglio comunale di Cremona e vidi dal programma sulla locandina che la volta prima era stato invitato tra i relatori Marco, una tesi di molti anni prima sulla mafia dei colletti bianchi a Milano, presentato appunto come mio laureato. Come non provare un intimo moto di fierezza? Scoprii nell'occasione che Marco, che non vedevo più da tempo, aveva continuato a occuparsi dell'argomento in campo associativo nella sua città. E non è stato l'unico caso.

Sapete dunque qual è oggi la sensazione più bella che provo? Sentirmi chiedere, di fronte alla mia difficoltà ad accettare un invito, se posso farmi sostituire da qualcuno dei miei studenti o ricercatori. "Può mandare uno dei suoi ragazzi?" Lo so, si può legittimamente pensare che racconti questo per orgoglio personale. Lo racconto invece soprattutto per gratitudine. Perché vuol dire che i "miei ragazzi" si sono costruiti una fama sul campo, si sono fatti onore dove sono andati, si sono sentiti investiti di una responsabilità proporzionale alla importanza della causa per la quale si battono. Vuol dire che sono diventati "antimafiosi nel mondo", "ribelli in Lombardia", se posso usare questa espressione. Del cui passaggio per paesi e città e borghi lombardi mi giungono solo tempo dopo echi, tracce o foto. Repertorio di un futuro mai sognato che si è fatto realtà.

Ma la spiegazione del mio 250 non sarà completa finché non vi narri qui un'ultima storia. Speciale e collettiva. Che ha avuto per teatro un teatro. Non di nicchia, non un coraggioso palcoscenico di periferia. Ma il Piccolo Teatro di Milano di Strehler, uno dei sette teatri italiani definiti "nazionali". Protagonisti per anni decine di giovani, l'anima di tutto. E dietro di loro, perché ogni cosa non nasce mai sola, la scelta di campo di tante persone. Tutto incominciò mandando in scena al Piccolo uno spettacolo senza precedenti. Titolo: *E io dico no*. Sottotitolo: *Ogni notte ha un'alba*. Una denuncia pubblica della presenza mafiosa in Lombardia, della sua storia, dei suoi protagonisti e dei pochi antagonisti. Osservata attraverso l'aspra vicenda nazionale della lotta tra poteri criminali e democrazia. Una rilettura serrata di ciò che si sa. Il disvelamento di ciò che (in genere) non si sa. L'anatomia cruda di un fenomeno che si tende a rimuovere, i fatti già finiti sui libri e quelli narrati dalle inchieste più recenti, in un affresco che lasciava senza respiro. Fino a quella disobbedienza che nel copione si levava forte, inflessibile: “E io dico no”. E l’apertura a una speranza non gratuita: ogni notte ha un’alba.

Il rettore della Statale Gianluca Vago e il direttore del teatro Sergio Escobar avevano deciso che quella cosa un po’ strana si poteva e anzi si doveva fare. Il primo la volle per celebrare con l’impegno civile i novant’anni dell’università degli studi. Il secondo la volle per segnarne l’intera stagione del Piccolo. La sera della prima, era un mercoledì di dicembre del 2014, se ne capì d’improvviso la forza dirompente. La Lombardia espugnata, messa come uno stuoino ai piedi della ’ndrangheta da un esercito di funzionari e sindaci e imprenditori pavidi e corrotti, stava finalmente organizzando la propria resistenza a una colonizzazione che sembrava irresistibile. Si alzava in quell’evento spettacolare non una somma di denunce interne al gioco politico, ma un insieme coerente di posizioni nette e non negoziabili che coinvolgevano ormai insegnanti, giornalisti, professionisti, assessori. Al cui centro stava il cuore generoso della gioventù che ha fatto partire dall’università la sua rivolta. Non declamando ma pensando, cimentandosi con i dubbi più perfidi. Si ascolti:

> Non è la notte a essere passeggera, è il giorno a esserlo. È il giorno l’illusione. E infatti, il terzo dono dell’oscurità è la legge stessa. Come i giorni sono definiti dalle notti che li separano, così le stelle sono definite dall’oscurità infinita in cui ruotano. L’oscurità abbraccia la luce e la genera dal suo stesso centro. A ogni vittoria della luce, è l’oscurità che vince.

Non l’ha scritto un romanziere né un filosofo. Ma un giovane neolaureato dell’università di Milano, ancora Pierpaolo.

È un passaggio del testo, il cui pessimismo sarebbe stato rovesciato di colpo nel finale, proprio come di colpo viene rovesciato il tavolo a cui vince l'impostore.

Perché il copione finale, ecco la "grande bellezza" di questa stagione milanese, era nato dalle confidenze, dagli stati d'animo, dagli studi e dalle tesi di laurea degli studenti di Scienze politiche. Che si erano messi a nudo per il regista Marco Rampoldi. Lui si era ingegnato a tirar fuori da quei vissuti speciali le premesse del testo. Loro in cambio lo avevano aiutato con parole e scritti e memorie di studio a destrutturare i luoghi comuni sui mafiosi: ma quali uomini d'onore, sono i più grandi traditori in circolazione. A dire le verità indicibili senza mai cedere di un'unghia alle visioni fantastiche e complottiste utili a dar fama ai nullasapienti. Lo stesso riferimento all'alba nasceva dalla loro esperienza all'Asinara, in cui, alla stregua dei giovani del *Decamerone*, si erano riuniti, come sappiamo, a discutere senza rete la storia d'Italia. L'alba che arrivava dal mare a chiudere i loro conciliaboli notturni portando la luce del nuovo giorno. Ricordo nitidamente il regista chiedere durante una delle riunioni di gruppo che cosa facesse venire in mente loro la mafia. E ricordo Bambi (il soprannome guadagnato da Chiara all'Asinara) rispondere appunto "l'alba". Sembrava un non senso. Per il regista era praticamente impossibile capire, lì per lì. La mafia come l'arrivo del sole? Non poteva sapere che per Chiara le discussioni più profonde sulla mafia erano avvenute in mezzo alle bellezze del creato che si abbracciavano nel primo chiarore mattutino.

È stato allora che il cambiamento di Milano si è manifestato in tutta la sua forza. Nessun eroe solitario, come vorrebbe la retorica d'occasione. Ma una rete montante di energie. Un direttore artistico che ci ha creduto, che ha scartato d'istinto l'idea della singola "serata di impegno civile" degli studenti, ma ha voluto un intero pezzo di stagione teatrale, dal 3 al 21 dicembre. E poi un regista capace di amare d'istinto quelle decine di studenti mai visti e la loro carica morale. E ancora collaboratori teatrali, a partire da Paola Ornati, e attori professionisti disposti a vivere tutto questo come un appuntamento speciale per il quale valeva la pena dare il meglio di sé. E un rettore orgoglioso di metterci nome e risorse dell'università. Finiva qui la grande rete delle nuove energie, la nuova Milano? No, perché poi c'era bisogno di scuole e università e cittadini che si riconoscessero nello spettacolo, così da fare registrare per tre settimane il tutto esaurito ogni sera fin sotto Natale, anche con repliche non programmate. Ci voleva chi desse il benvenuto a una nuova generazione di patrioti che prendeva finalmente in mano i destini del Nord che altri avevano abbandonato nelle mani dei violenti e dei codardi. E tutti si sono fatti trovare all'appuntamento.

Ecco dunque il panorama civile cambiato di cui ho parlato nelle pagine precedenti. Un mondo dove nessuno ha pensato di bastare a se stesso e ognuno ha invece camminato con altri. In questa Italia dove spesso i "volti giovani" della politica sembrano macchiette, è stato evidente in quelle sere di dicembre come possa crescere una generazione fatta di umiltà e di conoscenza. Portando se stessa e diventando vita pubblica su un teatro, come tante volte è accaduto nella storia contemporanea cittadina, dal Risorgimento alla Liberazione al Sessantotto. Perché è in teatro che le parole smettono di barare e ridiventano pietre.

Non fu quella l'unica volta. Le parole sono tornate pietre anche nel gennaio e nel novembre del 2017, quando il Piccolo ha ospitato *Dieci storie proprio così*, uno spettacolo di denuncia e speranza scritto in più versioni regionali da Emanuela Giordano e Giulia Minoli. Ancora ispirato e sorretto, nella sua versione lombarda, da studi, memorie ed esperienze di quella che è ormai diventata, anche sul palco, "la generazione di Scienze politiche", il testo si è chiuso ogni sera chiamando in causa un attore in più: il pubblico intero, che dai suoi posti urlava "combattiamo", finalmente levando un ideale grido di battaglia contro i clan lanciati alla conquista del Nord. E poi lo struggente monologo di Cristina Mazzotti, la diciottenne sequestrata dai clan calabresi in Brianza nel 1975, tenuta in ostaggio sotto terra e ritrovata in una discarica. O lo spettacolo (sempre Marco Rampoldi il regista, sempre studenti e ricercatori a scrivere le tracce dei testi) sulla tragedia messicana, al teatro della Cooperativa di Renato Sarti. Una moltiplicazione imprevedibile di testi (il moltiplicatore...), nel matrimonio tra università e teatro. Perché quando la cultura non è ornamento o decorazione anche questo succede.

UN PAESE SENZA MAFIA

Chissà se potrà mai esistere un'Italia senza mafia. Credo di no, purtroppo. Non per colpa del destino, che è stato con questa nostra terra generoso di geni e di bellezze; ma a causa delle nostre teste, insaziabilmente nutrite dall'humus della corruzione. Quand'ero giovane speravo e credevo il contrario. Ero intimamente convinto che di fronte a certi terribili delitti, alle violenze sanguinarie, la patria dei santi e dei poeti, dei navigatori e degli eroi antichi e moderni, si sarebbe svegliata tutta insieme. E insieme risorgendo avrebbe innalzato muraglie davanti ai nuovi barbari, esiliandone amici e complici. Immaginavo anche che se quel risveglio fosse stato lento ci avremmo pensato io e altri cittadini di buona volontà – quanti familiari di vittime c'erano, in fondo – a scuotere e richiamare ciascuno ai propri doveri, scintille di giustizia per l'indolenza altrui. Ingenuità. Favole senza lieto fine.

È incredibile come l'animo umano sappia ingannar la mente. Non nel senso che la appanni nella intelligenza di quel che accade o è accaduto. Ma nel senso che la spinge a sognare futuri irrealizzabili, la muove verso questa o quella utopia concepita come possibile, quasi che basti dedicarle passione ed energie senza risparmio. Ci sono caduto anch'io. Senza capire che la comunità degli onesti cittadini non ama poi mobilitarsi contro i suoi vizi, e nemmeno ama leggere una firma netta e ingombrante sotto un delitto. Che ognuno trattiene e rivendica per sé un piccolo, piccolissimo pezzo dell'ingranaggio che via via, assommando peccati veniali, si fa sistema criminale. Un po' di omertà in più in un punto, un po' di legalità in meno in un altro. Tanto, giusto per citare il Voltaire messo da Matilda in epigrafe alla sua tesi sulla responsabilità sociale di impresa, "nessun fiocco di neve in una valanga si è mai sentito responsabile".

Un paese senza mafia è un meraviglioso orizzonte. Come la libertà o la giustizia o la democrazia. Utopie senza aggettivi. La mafia può però essere ridotta, arginata. Questo, sì, sta negli scenari a noi possibili. Perciò ricordo spesso in pubblico che quando lo Stato fa lo Stato e la società civile fa la società civile non ce n'è per nessuno. I corleonesi potentissimi che sognarono di mettere in ginocchio lo Stato? Tutti in carcere. I casalesi che ambirono a essere "sistema", mondo totale? Anch'essi tutti in galera, qualcuno di loro preso materialmente in fuga nelle fogne. Pronti a grappoli a collaborare con lo Stato vincitore. Un po' maschere tragiche, un po' macchiette sanguinarie. Sarà così anche per "quelli di Platì" e "di Rosarno" o "di San Luca", non ho dubbi. Nonostante le indulgenze dispensate ai piani alti della giustizia o le amicizie sparse in ogni dove a protezione. Nonostante l'esercito dei "messi a libro paga", a volte con la divisa addosso.

Ma perché questa lotta si sviluppi e si affermi su tutto il territorio nazionale occorre che nasca la coscienza della gravità immensa del problema, condizione ed effetto della sua conoscenza. Eccoci dunque alla questione decisiva: la conoscenza esatta del fenomeno mafioso e delle sue dimensioni e caratteristiche, delle sue forme e conseguenze sociali. Occorre che si impongano la voglia e la capacità di "riconoscerlo". Di alzare le capacità di studio e di analisi, senza accontentarsi mai. Senza transigere. Ed emarginando sempre di più i retori dell'improvvisazione, i masticatori dei luoghi comuni, gli arruffapopoli. Per questo ho incominciato a pensare che nelle famose scuole ("bisogna partire dai ragazzi") la cosa più sciagurata sia sostituire l'impegno formativo di ogni giorno con qualche improvvisato intervento emotivo portato dall'esterno. In quante scuole, in effetti, ho portato commozione, mentre gli insegnanti stavano fuori dalla sala o riuniti tra loro, senza nemmeno avvertire la curiosità di scrutare gli occhi dei propri studenti davanti a certe parole o certe immagini. Quante assemblee ho dovuto domare per evitare di imbattermi negli sghignazzi del gruppo introdotto in palestra o in aula magna all'ultimo momento perché "i ragazzi ci tenevano tanto". La conoscenza non è il titolo di un incontro e nemmeno l'iniezione momentanea di adrenalina, anche se le emozioni (e come potrei negarlo proprio io?) possono essere spinta potente verso di lei.

Da una lunghissima esperienza costellata di fatti e di pensieri inquieti è nata dunque la convinzione che la criminalità organizzata dovesse diventare finalmente materia di studio per l'università. E che il suo insegnamento dovesse poi produrre altri insegnamenti, sempre più specializzati, anche sul versante della prevenzione e dell'educazione. E inoltre laboratori e centri di ricerca e riviste. Salendo sempre più su, fino al curriculum di laurea magistrale o al dottorato di ricerca. Perché questa conoscenza potesse poi rovesciarsi nel tessuto sociale e irrorare le amministrazioni, le professioni, anche l'arte.

Sapevo perfettamente che era necessario fare tutto questo in un paese in cui impera da decenni la *spending review*, che sempre si abbatte, prima che su altro, su scuola, università e cultura. Perché dallo stipendio di una maestra non escono tangenti. E che occorreva dunque fare qualcosa di simile allo "sciopero a rovescio" di Danilo Dolci. Lavorando di più se ti tolgono i fondi. Non perciò "facendo un favore al sistema", come sentenzierebbe il sindacalista medio. Ma contestandolo alla radice, se i tagli alla cultura esprimono, di quel sistema, la filosofia e l'obiettivo: una società meno pensante. Lo scrisse un giorno su un muro un geniale spray studentesco: "Fotti il sistema, studia!"

E poi ho imparato subito perfettamente che era necessario fare tutto questo in una università impazzita, manicomio condiviso in cui i professori e i ricercatori vengono valutati usando le mediane e gli algoritmi, dove scrivere banalità in inglese su una rivista finlandese vale più che dotare di conoscenze nuove i cittadini del tuo paese, e chiosare teorie altrui è più importante che fondarne di tue. Di più: che era necessario farlo in un paese in cui la legalità viene perseguita inzeppando ossessivamente di norme e divieti la vita quotidiana, in una stratificazione inarrestabile di camicie di forza, che i pazzi mettono ai sani.

Mi sono chiesto a un certo punto, non so se con ironia, con rassegnazione o con orgoglio, se esattamente questo non fosse scritto nel mio movimentato destino. Di affacciarmi alla vita pubblica a diciotto anni battendomi con la mia generazione per scardinare un'università chiusa e sorda ai drammi e ai problemi del mondo; per ritrovarmi nella parabola finale della mia vita a battermi con una generazione tanto più giovane della mia per aprire varchi in un'università (fatta dai sessantottini di allora...) ancora chiusa e sorda, almeno al problema che mi sta più a cuore: lo stesso, pensa di nuovo la combinazione, su cui ho fatto la mia tesi di laurea più di quarant'anni fa. Contestare l'università prima a venti e poi, di nuovo, a sessant'anni. In forma diversa. Ma sempre da suo innamorato. Iniziare la vita pubblica nelle aule e lì tornare a chiuderla, dopo essere passato per molti incarichi istituzionali e politici. Eppure non di arretramento si è trattato. Ma di passo avanti, compiuto dopo avere scoperto (ed è occorso molto tempo...) che la conoscenza è perfino più importante dell'indignazione morale o della "battaglia politica" se vuoi costruire "un paese senza mafia".

L'ho fatto, questo passo, per tante ragioni. Starei per dire per amore del mio paese, se non potesse sembrare a buon diritto retorico. Ma certamente per un bisogno di decenza e di libertà. E ancor più certamente per il futuro dei miei studenti. Per rispetto verso chi è caduto contro la mafia affrontando difficoltà ben maggiori, nella solitudine inflitta da un paese che non sapeva e non capiva. L'ho fatto anche per un'idea di università. Luogo di bellezza e di cultura, di gioventù e di sapere, di libertà e di servizio. Di fatica che cambia il mondo. Perché questo l'università dev'essere. E solo per questa ragione non ho qui parlato se non di sfuggita e per non più di qualche decina di righe dei suoi mali e delle sue follie.

E d'altronde, a pensarci, quei mali e quelle follie bisognerebbe addirittura ringraziarli. Ci hanno temprato, rendendoci più forti. Chi in questi anni ha perseguito insieme a me, da Torino a Bologna, da Pisa a Napoli o Palermo, l'obiettivo di portare nell'università questi studi non ha certo trovato tappeti di fiori su cui camminare tra gli applausi e i gridolini di un pubblico festante. Non ha trovato finanziamenti faraonici, né pubblici né privati (un amico consigliere di una fondazione mi disse un giorno con affettuosa chiarezza: chiedi il finanziamento che vuoi, ma non sulla mafia). E nemmeno accademie premurose. Anzi, a essere onesti il più fortunato sono stato io, avendo avuto alle spalle un medico che, diventato rettore, ha ragionato da normale cittadino e ha ritenuto importanti gli studi che stavo promuovendo. Perché il sistema opponeva invece a ogni passo le sue rigidità, i suoi balzelli mentali, i suoi *impact factors*, le sue bibliometrie, i suoi consigli a occuparsi d'altro, i suoi *non possumus*, mettendo alla prova le nostre motivazioni, fortificandoci come in una specie di selezione naturale. È stato un po' come rivivere, a un gradino superiore della scala, gli anni ottanta del secolo scorso. Quando la stampa osteggiava e sbeffeggiava i ribelli dell'antimafia, le istituzioni tenevano a distanza di sicurezza chi andasse oltre il pianto, nelle trasferte si dormiva nelle mansarde altrui, quasi tutto era autofinanziato, e agli alunni di una classe poteva essere chiesta la giustificazione per avere partecipato ai funerali del padre di un compagno, ucciso dalla mafia. Non cedemmo affatto.

E tuttavia è stato proprio riandando alla memoria di quelle passioni e di quei coraggi che mi si è chiarita una cosa. Che il movimento generoso delle persone che informano, sensibilizzano, denunciano, rischia sempre di rivelarsi un caleidoscopio di umori e sentimenti, un dispendio di energie e di fervori privo di radici. Qualcosa che un giorno lontano c'è stato e adesso non c'è più; non nelle stesse forme organizzate e negli stessi luoghi, almeno. A volte la marea sale talmente in alto che sembra impossibile che tutto possa rifluire, anche a chi ha studiato la teoria dei movimenti. Invece succede. E chi ha preso treni, pullman, aerei per andare per decenni da una parte all'altra d'Italia a raccontare, analizzare, commentare in sale gremite, invece di cambiare il mondo finisce per lasciare di sé solo la traccia del "generoso testimone" che lo avrebbe voluto cambiare. Senza staffetta da consegnare, senza moltiplicatore (pedagogico) da mettere in movimento.

Come coltivare davvero, allora, la buona pianta? Come farla crescere? La risposta credo di averla data in queste pagine. Occorrono *strutture* radicate in quella zona cruciale, strategica, che fa da cerniera tra società e istituzioni: l'università. Strutture che non spariscano con il tempo ma diano frutti a ogni stagione, moltiplicando senza sosta i 250 talenti. Un luogo di conoscenza, di pensiero, di metodo. Che dispieghi la sua forza grazie alla più vasta comunità scientifica che gli cresce intorno, innervando professioni e ambienti. Ecco dunque il traguardo di questo cammino collettivo, fatto di nomi, volti, voci, generazioni. Poiché questo alfine *resta*.

Per costruire un paese senza mafia. Uso questa espressione nonostante sappia perfettamente che resterà utopia. Che è solo un orizzonte dell'animo e della mente. Perché, come tanti ammoniscono, il male fa comunque parte della natura umana ed è ineliminabile. E tuttavia è un orizzonte verso il quale si può andare, e vale la pena di andare. Perché anche il bene, in definitiva, fa parte della natura umana ed è ineliminabile. E ingaggia l'eterna lotta in cui ognuno, da che esiste il mondo, sceglie da che parte stare. E da che parte schierare la forza immensa della conoscenza.

RISERVATA PERSONALE (MA NON TROPPO)

Care ragazze, cari ragazzi,

mi rivolgo a voi come se vi avessi sempre in aula, anche se nel frattempo in molti siete ormai lontani e avete iniziato carriere promettenti, anche all'estero. Le pagine che ho scritto hanno uno scopo che si è fatto largo per strada, quasi uscendo dalle nebbie che sempre ondeggiano sulle nostre intenzioni: dirvi grazie per quel che mi avete dato, a volte senza nemmeno rendervene conto. Non ho potuto, perché avrebbe annoiato il lettore, ringraziarvi uno per uno, un nome dietro l'altro, centinaia di nomi, con quei grappoli sempre più lunghi di Martina e di Marco, di Mattia e di Giulia. Costellazioni di nomi accostate nella mia memoria come a comporre, tutte insieme, un universo di giovinezza, il vostro.

Certo è riguardando questo universo che mi viene di pensare una cosa, soprattutto se lo risistemo con qualche senso e ordine nella mia vita. Qualcosa che non avevo mai scritto. E cioè che in fondo sono nato quattro volte, se nascere è essere messi da qualcuno o da qualcosa davanti al mondo per osservarlo con occhi pieni di stupore, e con il compito non semplice di capirne in poco tempo le parole e le regole. Nacqui una prima volta in un lontano mattino del Novecento nella caserma di Santa Maria Novella a Firenze, da una ragazza che mi accolse con la tenerezza dei suoi venticinque anni, mentre il suo giovane sposo serviva lo Stato lontano, volontario in Sicilia. Poi nacqui una seconda volta in un anno speciale, lo chiamano tutti il Sessantotto. Giunsi da solo a Milano, università Bocconi, giusto alla vigilia del più grande terremoto giovanile del secolo. Vi arrivai in diretta da un'altra caserma, stavolta palermitana, oggi intitolata a mio padre. Avevo il compito impossibile di amministrare bene la mia improvvisa libertà in un mondo che di voglia di libertà scoppiava. Imparai a vedere tutto in modo diverso. Convinzioni, principi, diritti e doveri, giustizia e ingiustizia, amore e amicizia. Cambiai perfino il mio vocabolario.

Poi nacqui una terza volta. Fu quando il destino mi si scaraventò addosso con la forza di un tornado. Quasi nulla rimase intorno come prima. La mafia che avevo studiato con candore militante nella mia tesi di laurea si vendicò come sa fare lei. Dopo lunghi anni di attesa. Con brutalità, con perfidia. E di nuovo vidi tutto in modo diverso. Si rovesciarono gli orizzonti, si moltiplicarono gli interrogativi. Cambiò di nuovo il mio vocabolario. Legalità invece di proletariato, Stato invece di rivoluzione, anche se mi stavo arruolando in un nuovo tentativo di rivoluzione, benché all'inizio mi sembrasse solo mia. Fu allora che scoprii con sconcerto che la vera forza della mafia stava fuori dalla mafia, nella gente per bene. Lunga fu la strada che da quella bufera mi portò alla politica.

Poi, come per miracolo, sono nato ancora. Una quarta volta. Mentre andavo verso i sessanta. Tornando a fare il professore universitario. Un ritorno per modo di dire. Perché è stata piuttosto partenza per un futuro che non conoscevo e non potevo prevedere. Viaggio dalla malinconia verso una nuova utopia. Che stavolta, ecco il secondo miracolo, sarebbe diventata realtà. Né più né meno il futuro che ho cercato fin qui di raccontare. Popolato da voi, animato da voi, ricco di senso e bellezza grazie a voi, creatori di fatti e idee che oggi mi superano di slancio da tutte le parti.

Bisognerebbe conoscere in profondità la successione di queste nascite e rinascite, e i pezzi di vita che vi si sono inseguiti, così diversi e così intimamente uniti, per potere misurare quel che mi avete dato. Le conquiste realizzate insieme. La conoscenza che scuote le coscienze. La curiosità che si tramuta in intelligenza, il tepore che si fa passione. La fatica finalmente riconosciuta. E i professionisti dell'antimafia, quell'insulto un giorno sanguinoso, che si fa bisogno sociale, materia prima della rigenerazione civile.

A voi devo anche una cosa che non ho fin qui accennato per pudore. E che non so nemmeno se faccia bene ora a dire. Vi devo l'onore sincero, perfino affettuoso, da voi reso a una persona caduta anche per chi non era ancora nato in quel lontano 1982. Sì, mio padre. Oggetto, nonostante il sacrificio, di insinuazioni e maldicenze; da parte dei cacciatori di misteri e di chi non gli ha mai perdonato, alla fine, la sconfitta del terrorismo. Non solo per complicità antiche e inconfessabili. Ma perché in questo paese lo Stato è comunque "altra cosa", impossibile che giochi e vinca pulito. Quando sento voi che ne parlate e ne volete sapere a piccoli gruppi o seduti a terra sotto i cieli delle notti estive, quando vi vedo, magari increduli per i racconti che avete ascoltato, ordinare subito con capacità i fatti, e poi riproporre nelle scuole in cui andate le sue frasi sui diritti e sui favori, o sugli occhi dei propri figli, o sul potere che è anche un verbo, penso che davvero "il tempo è galantuomo", come gli piaceva dire, e come non poté verificare.

Immaginai in gioventù di dargli giustizia. Pensai sinceramente a una società senza mafia. È una tigre di carta, dicevo e scrivevo. Con foga, con entusiasmo. La vita, quando è ancora breve, imprigiona di sogni. I decenni sono passati. E ho potuto misurare meglio questo paese, i partiti politici, le istituzioni, le donne e gli uomini che fanno gli uni e le altre ogni giorno. Così, nonostante i successi conseguiti a carissimo prezzo, e che sono stati tanti, ho spesso dubitato di quelle mie speranze. Mi sono tante volte ritrovato a considerarle illusioni, parola che nel tardo latino significa, pensate l'involontaria ferocia, "derisione". Anche quando assemblee affollatissime applaudivano convinte le mie parole. Non vedrò mai la sconfitta della mafia, ho iniziato poi a pensare vedendo la 'ndrangheta dilagare nel Nord complice e borioso. E sono andato pure oltre. Il continuo spettacolo dei passi indietro, quasi avessimo una paura maledetta di sconfiggerla davvero la mafia, l'esperienza ormai infinita delle commemorazioni senza memoria, mi ha anche fatto pensare di più: che non solo quella sconfitta non l'avrei mai vista, ma che non ci sarebbe mai stata. Nemmeno dopo di me. Che chi era caduto lo aveva fatto invano, senza altra ragione che quella spiegata un giorno da Falcone a chi lo intervistava: la lotta alla mafia bisogna farla non perché un giorno si vincerà ma perché questo è il nostro dovere.

Poi siete arrivati voi. La magia dell'insegnare e gli occhi dei ventenni. E avete riaperto il gioco della vita. Ricevere la vita dalla generazione che ti precede sta nella natura. Riceverla da una che ti segue sta nei sogni. Perciò vorrei che attraverso di voi, e il movimento di idee che state generando, l'Italia intera, al di là della mafia, scoprisse come potrebbe essere e come non è. Vedesse allo specchio come sarebbe se fosse generosa. Scoprisse come possono essere i giovani, esattamente quelli che "non credono più a niente", lo stesso pregiudizio contro cui, vedi i ricorsi, protestava innocente una nota canzone che anticipò il Sessantotto.

Con i vostri valori e i vostri slanci mi avete accompagnato in questi anni come dono inaspettato. Per questo anche quando ormai non vi incontro più da tempo, il solo ripasso mentale dei vostri nomi e cognomi sulle liste dei frequentanti o dei laureati mi dà un senso silenzioso di nostalgia e di allegria insieme. Nessuno di voi è stato uguale agli altri. E anche per questo ho sempre pensato che fosse mio dovere considerarvi, con le vostre storie e i vostri volti, come unici e irripetibili. E meritevoli sempre di una curiosità, di una domanda in più. Spero di esserci riuscito. Grazie a tutti voi.

APPENDICE

MILANO, FACOLTÀ DI SCIENZE POLITICHE*: storia di una traversata collettiva

Ho pensato che al lettore potesse essere utile uno schema cronologico degli anni di nascita delle esperienze raccontate in questo libro. Eccolo.

2008-09 Nel gennaio del 2009 il corso di Sociologia della criminalità organizzata. Nei piani di studio è indicato come "ulteriore insegnamento a scelta".

2010-11 Laboratorio biennale di Giornalismo antimafioso.

2010-11 Laboratorio sperimentale con la nuova accademia di Belle Arti (durerà due anni).

2010-11 Manifestazione pubblica La Meglio Gioventù: presentazione alla città delle migliori tesi di laurea dell'anno sulla criminalità organizzata.

2010-11 Summer School on Organized Crime: appuntamento annuale, una settimana intensiva di studio a settembre su un tema ogni volta diverso (aperta a tutti).

2012-13 Corso di perfezionamento post-laurea in Scenari internazionali della criminalità organizzata (annuale, aperto a tutti i laureati triennali).**

* Scienze politiche, economiche e sociali dal 2012.

** Il corso è il frutto della collaborazione tra il dipartimento di Scienze sociali e politiche e il dipartimento di Studi internazionali, giuridici e storico-politici.

2012-13 Sociologia della criminalità organizzata, corso progredito. Oggetto: le questioni metodologiche poste dallo studio e dalla ricerca nella materia.

2012-13 Laboratorio speciale La nave della legalità, collegato con il viaggio delle delegazioni scolastiche da Civitavecchia verso Palermo del 23 maggio, promosso dal miur e dalla Fondazione Falcone.

2012-13 Progetto di università itinerante La legalità difficile: una settimana di vita, studio e ricerca comune in uno dei luoghi simbolici della lotta per la legalità in Italia (una o due volte all'anno).

2013-14 Progetto speciale di collaborazione con il Piccolo Teatro di Milano: ricercatori e studenti coautori dei testi, con regista e attori professionisti. L'esordio è nel dicembre 2014 con *E io dico no. Ogni notte ha un'alba*, regia di Marco Rampoldi: tre settimane di tutto esaurito.

2013-14 cross, l'Osservatorio sulla criminalità organizzata, struttura interdipartimentale, centro di ricerca e di alta formazione:[***] rapporti di ricerca per istituzioni pubbliche (a partire dalla commissione parlamentare antimafia) e per privati.

2013-14 Progetto delle lezioni popolari. Si apre con il laboratorio L'Italia civile dei don.

2014-15 Corso di Sociologia e metodi di educazione alla legalità, con carattere sperimentale, sulla base di una convenzione con il ministero dell'istruzione, dell'università e della ricerca.

2014-15 Seminario sulla Comunicazione delle imprese sorte sui beni confiscati alle mafie nell'ambito del corso di Gestione e comunicazione di impresa.

2014-15 "Rivista di Studi e Ricerche sulla Criminalità Organizzata",

[***] Anche questo centro nasce dalla collaborazione tra il dipartimento di Scienze sociali e politiche e il dipartimento di Studi internazionali, giuridici e storico-politici.

prima rivista accademica sulla materia: trimestrale, open access, indicizzata nel 2017.

2015-16 Corso di Organizzazioni criminali globali.

2016-17 Dottorato di ricerca nazionale in Studi sulla criminalità organizzata.

2016-17 Settimana internazionale dei giovani talenti antimafiosi, appuntamento annuale di studio in primavera.

2017-18 Curriculum di laurea magistrale in Legalità e criminalità organizzata, nell'ambito del corso di laurea in Amministrazioni e politiche pubbliche.

... e a livello studentesco:

2011 www.stampoantimafioso.it, sito di informazione.

2012 WikiMafia, enciclopedia scientifica telematica sulla mafia.

2013 Ondantimafiosa, gruppo di sensibilizzazione.

2014 UniLibera, presidio di Libera di Scienze politiche, poi delle università della Lombardia.

TRACCE.
I libri di Nando dalla Chiesa sul fenomeno mafioso e sul movimento antimafia

Il potere mafioso. Economia e ideologia, Mazzotta, Milano 1976.

Delitto imperfetto. Il generale, la mafia, la società italiana, Mondadori, Milano 1984; ora con nuova *Introduzione* in Melampo, Milano 2007.

La palude e la città. Si può sconfiggere la mafia, con Pino Arlacchi, Mondadori, Milano 1987.

Storie di boss, ministri, tribunali, giornali, intellettuali, cittadini, Einaudi, Torino 1990.

Dizionario del perfetto mafioso, Mondadori, Milano 1990.

Il giudice ragazzino, Einaudi, Torino 1992.

Milano-Palermo. La nuova resistenza, intervista a cura di Pietro Calderoni, Baldini & Castoldi, Milano 1993.

Storie eretiche di cittadini per bene, Einaudi, Torino 1999.

La legge sono io, Filema, Napoli 2002.

La scuola di via Pasquale Scura, Filema, Napoli 2004.

Le ribelli, Melampo, Milano 2006.

Poliziotta per amore, testo teatrale, Melampo, Milano 2009.

La convergenza: mafia e politica nella Seconda Repubblica, Melampo, Milano 2010.

Contro la mafia. I testi classici (a cura di), con saggio introduttivo: "La lotta alla mafia: tra cultura e storia sociale" (pp. V-XXXIII), Einaudi, Torino 2010.

Buccinasco. La 'ndrangheta al nord, con Martina Panzarasa, Einaudi, Torino 2012.

L'impresa mafiosa. Tra capitalismo violento e controllo sociale, Cavallotti University Press, Milano 2012.
Manifesto dell'antimafia, Einaudi, Torino 2014.
La scelta Libera. Giovani nel movimento antimafia, con contributi di Ludovica Ioppolo, Martina Mazzeo, Martina Panzarasa, Edizioni Gruppo Abele, Torino 2014.
La questione meridionale di Antonio Gramsci, nuova antologia con saggio introduttivo: "Gramsci e la questione meridionale. Modernità e buoni paradossi" (pp. 9-66), Melampo, Milano 2014.
Passaggio a Nord. La colonizzazione mafiosa, Edizioni Gruppo Abele, Torino 2016.
Una strage semplice, Melampo, Milano 2017.
Mafie globali. Le organizzazioni criminali nel mondo (a cura di), Laurana, Milano 2017.

Per una bibliografia completa si veda www.nandodallachiesa.it.

INDICE

MISTO
Carta da fonti gestite in maniera responsabile
FSC® C021883
FSC
www.fsc.org

Finito di stampare nel mese di febbraio 2018 presso
Grafica Veneta S.p.A.
Via Malcanton 2 - Trebaseleghe (PD)

Printed in Italy